엄마는
거짓말쟁이

정성려 수필집
엄마는 거짓말쟁이

■
초판인쇄 2012년 7월 13일

■
지은이   정 성 려
펴낸곳   수필과비평사

■
출판등록 1984년 8월 17일 제28호
주　소   서울시 종로구 익선동 30-6
　　　　 운현신화타워 빌딩 2층 208호
전　화   (02) 3675-5633, (063) 275-4000
e-mail   essay321@hanmail.net

책값은 뒤표지에 있습니다.

copyright© Jeong seong ryeo, 2012

ISBN 978-89-97700-38-7   03810

※저자와 협의하여 인지는 생략합니다.
※잘못된 책은 바꿔드립니다.

엄마는 거짓말쟁이

정성려 수필집

수필과비평사

■서언序言

    모진 추위를 이겨낸 초목들은 봄을 맞아 염원을 키웠다. 쓰디쓴 인내 끝에 촉을 틔우며 서로 어울려 바짝 메마른 산야山野에 파란 생명의 그림을 그려나갔다. 그들은 지금 신록에 빠져 자연의 신비를 만끽하고 있다.
    우리들 마음도 춥고 긴 터널을 벗어나 세상으로 나들이를 시작한 지도 꽤 되었다. 어느새 성큼 다가선 여름 앞에 서 있지 않은가? 그동안 맑은 날도 있었고 흐린 날도 있었다. 굳이 맑은 날만을 좋아할 필요는 없다. 맑은 날은 소금장수가 이롭고 흐린 날은 우산장수가 이로울 뿐이다. 인간만사가 이와 같은 이치에 얽혀 진행되어 가는 거다. 기왕에 얽혀 살아야 할 바에는 신나게 더 칭칭 얽혀 보는 것도 좋겠다.
    이런 가운데 나에게도 두 달 전에 일이 있었다. 어머니께서 영영 돌아오지 못할 하늘로 가셨다. 아마 먼저 하늘로 떠나신 아버지를 만났을 것이다. 내심 어머니께서 행복하시기를 바랄 뿐이다.

어머니는 생전에 내가 글을 쓰고 있다는 것을 아셨기에 먼 길을 떠나면서 수필집을 내도록 용기와 의지를 주셨다. 가족과 친지는 물론 몇몇 지인들께서도 가슴 뜨거운 격려와 힘을 보태주었다. 이미 어머니와 아버지께서 이 땅에 존재하지 않는 지금이나마 감히 "사랑합니다!"라는 말을 해본다. 그리고 뒤에서 묵묵히 지켜봐준 남편과 엄마가 최고라고 응원해주는 딸들에게 감사함을 전한다.

더불어 결코 나의 삶과 떼어놓을 수 없는 직장 웅진코웨이와 동료들, 이 수필집을 내는 과정에 도움을 주신 여러분께도 진심으로 감사드리며 나에게 주어지는 행복을 함께 나눌 수 있기를 바란다.

2012년 여름날

작가 정 성 려

■차례

1 엄마는 거짓말쟁이

엄마는 거짓말쟁이 • 12
가슴에 꽃을 피우는 사람들 • 17
검정 고무신 • 21
김장하는 날 • 25
꿈속에서라도 보고 싶은 아버지께 • 30
눈처럼 하얀 시어머님 마음 • 35
단골 미용실의 풍경 • 39
도전정신과 열정으로 • 43
부모의 마음 자식의 마음 • 51
장 담그는 날 • 56
하늘에 계신 시어머님께 • 62

 각설이

각설이 • 68
강한 어머니 • 73
개나리와 병아리 • 78
고양이의 모성애 • 82
고장 난 벽시계 • 87
그리운 시어머님 • 91
나는 5월이 좋다 • 97
날마다 새로워지는 세상 • 101
내 인생의 중간 결산 • 105
농촌의 불청객 • 109
다듬이 소리가 그리워 • 114

3 단비

단비 • 120
문턱 • 124
벌초 • 129
봄맞이 • 134
빈 둥지 • 139
사람의 향기 • 143
사위사랑은 장모 • 147
사회 초년생 딸을 보며 • 150
새 자전거 • 154
성묘 가는 길 • 158
세뱃돈의 추억 • 163

4 소가 울었다

소가 울었다 • 168
시어머님 사랑 • 172
아름다운 손 • 176
아버지의 눈물 • 180
애기삼촌의 사랑 • 185
야고보의 고백 • 189
어머니의 다리가 된 유모차 • 195
엄마는 거짓말쟁이2 • 201
외면하고 돌아선 날 • 205
울보가 된 이야기 • 208
이별 연습 • 212

5 이웃사촌

이웃사촌 • 218
작은 호미 • 223
작은아버지 • 228
절망하지 않기 • 232
지금은 공사 중 • 237
천사의 승천 • 240
청개구리 • 245
콩깍지 • 248
하늘에 보내는 편지 • 253
효도사전에 등재된 어머니 • 257
웅진코디예요 외 1편 • 261
‖작품해설‖ • 265

엄마는 거짓말쟁이

엄마는 거짓말쟁이 • 가슴에 꽃을 피우는 사람들 •
검정 고무신 • 김장하는 날 •
꿈속에서라도 보고 싶은 아버지께 •
눈처럼 하얀 시어머님 마음 • 단골 미용실의 풍경 •
도전정신과 열정으로 • 부모의 마음 자식의 마음 •
장 담그는 날 • 하늘에 계신 시어머님께 •

엄마는 거짓말쟁이

아버지께서 영면하신 지 벌써 13년이 지났다. 음력 2월 3일은 아버지 기일이다. 늦은 겨울이라고나 할까, 아니면 이른 봄이라고나 할까? 아버지가 돌아가시던 그해 날씨는 상당히 쌀쌀하고 추웠다. 그런데 아버지의 장례를 치르는 3일 동안은 날씨가 화창하여 봄날 같았다. 사람들은 이구동성으로 "좋은 일을 많이 하시고 덕을 많이 베풀더니 하늘이 알아보는지 날씨도 좋다."고 하셨다.

60세, 회갑도 되기 전에 위암 판정을 받은 뒤 여러 병원을 찾아다니며 수술을 두 번이나 하고 좋다는 단방약도 어렵게 구해서 해드렸건만 10개월을 고생하다가 사랑하는 가족을 두고 하늘나라로 가셨다. 아버지를 이대로 돌아가시게 해서는 안 된다는 마음으로 온 식구가 최선을 다했지만 끝내 암이란 병마에게 지고 말았다.

병에는 돈도 필요 없었다. 의술이 아무리 좋다고 해도 돈이 아무리 많다고 해도 건강은 돈으로 바꾸거나 살 수도 없는 것이었다. 아버지께서는 힘든 농사일과 연로하신 할아버지와 할머니, 그리고 우리 6남매를 엄마에게 맡기고 가족들의 슬픔과 주위 사람들의 애도하는 마음도 모른 채 꽃상여를 타고 나비처럼 훨훨 날아 뒷산 양지바른 선영에 고이 묻히셨다. 엄마는 아버지의 빈자리가 얼마나 크고 허전했을까? 우리 자식들 마음이 아무리 아프다 해도 엄마만큼 아프지는 않았을 것이다.

엄마는 마음이 여려서 눈물로 세월을 보내실 줄 알았는데 의외로 자식들 앞에서 눈물을 보이지 않았다. 이상할 정도였다. 엄마는 우리에게 "나는 아무렇지 않으니 걱정 마라. 너희 아버지가 돌아가시면서 내 눈물을 모두 가져갔다."라고 하셨다. 눈물로 세월을 보내실 거라는 상상을 깨고 우리가 보기에 엄마는 정말 아무렇지 않은 듯 잘 견디셨다. 굳이 엄마가 달라진 것이라면 평소에 안 하시던 고사리를 꺾으러 뒷산에 자주 가시는 것이었다.

그로부터 3년 뒤 건강하던 할머니가 갑작스럽게 앓으시며 식사량이 줄기 시작하여 병원치료를 받았으나 결국 노환이라는 병명으로 돌아가셨다. 엄마가 더 걱정이 되었다. 홀며느리가 홀시아버지를 모신다는 것이 어디 쉬운 일인가? 작은아버지께서는 할아버지를 모셔 간다고 하셨다. 하지만 엄마는 큰며느리로서 도리를 못하는 거라며 할아버지께서 작은집으로 가시는 것을 원치 않았다. 할아버지 역시 잘 살고 인정 많은 작은아버지이지만 엄마와 함께 사는 것이 편하다고 하셨다. 어쩔 수 없이 시골 넓고 큰 집에서 두 분이 살 수밖에 없었다.

  우리 자식들은 항상 고생하는 엄마가 마음에 걸렸지만 엄마는 힘들고 귀찮은 내색을 전혀 하시지 않았다. 할머니가 돌아가신 뒤 할아버지께서 기력이 약해지면서 차츰 치매까지 오고 있었다. 할아버지가 이상해 보여 치매가 있는 것 같다고 하면 나이 드시면 그러는 거라며 걱정 말라고 오히려 우리를 위로했다. 엄마는 치매라는 생각을 전혀 하지 않았다. 날이 갈수록 할아버지의 치매가 심해졌다. 벽에 걸린 가족사진을 보고 이 사람들이 누구냐고 하기도 하고 남동생이 집에 가면 손자를 몰라보고 "뉘시오?"라고도 했다. 할아버지는 아들이며 손자들까지 전혀 알아보지 못했다. 건강하신 분을 모시기도 힘든데 치매로 엉뚱한 일을 벌이는 할아버지를 모시면서도 엄마는 힘든 표현을 한 번도 안하셨다. 엄마 혼자 있으니 입맛이 없을 때는 식사를 거르기도 할 텐데 할아버지가 계셔서 꼬박꼬박 챙기니 좋다고 하셨다. 우리 자식들은 엄마 말을 믿었다. 할아버지는 할머니가 돌아가신 뒤 엄마와 10년을 함께 살다가 97세에 돌아가셨다.

할아버지가 돌아가신 뒤 혼자 계신 엄마가 외로울 것 같아 또 걱정이 되었다. 그때 엄마는 우리에게 이렇게 말씀하셨다. "쉬고 싶을 때 아무 때나 다리 펴고 쉴 수 있고 가고 싶은 곳이 있으면 할아버지 식사 걱정 안 해도 되니 갈 수 있어 너무 편하다." 하시며 자식들을 안심시켰다. 할아버지 때문에 외출이며 여행도 한 번 못 가신 엄마였다. 엄마 말을 믿고 이제 마음대로 외출도 할 수 있으니 좋으시겠다고 생각했다. 엄마는 가끔씩 찾아오는 자식들을 바라보며 혼자 몇 년을 사셨다.

지난해에 우리 집을 리모델링하면서 집을 완전히 비워야 했다. 마땅히 살 곳이 없어 친정에서 한 달 동안 살기로 했다. 친정으로 가면서 엄마 혼자서 편하게 사시는데 우리 식구들이 우르르 몰려가면 귀찮지 않을까 걱정을 했다. 한 달 동안 친정에서 살면서 신경이 많이 쓰였다. 내가 일어나기도 전에 새벽에 일찍 일어나 식사 준비를 하고 이것저것 우리 식구를 위하여 맛있는 음식을 만들어 놓았다. 엄마를 힘들게 하는 것 같아 무척 신경이 쓰였다. 엄마가 귀찮을까봐서 서둘러 집을 고쳤다. 한 달 뒤 집이 새롭게 단장되어 우리 집으로 오게 되었다. 우리 식구가 집으로 오게 되면 엄마가 편하고 좋을 거라고 생각했다. 하지만 내 생각과 엄마의 생각은 달랐다. 지금까지 살면서 큰딸이 되어 엄마의 마음을 읽지 못했다는 것이 부끄럽다. 엄마가 서울에 사는 동생과 통화하면서 우리 식구들이 가고 혼자 있으니 허전하고 외롭다고 하셨단다.

　엄마는 아버지가 돌아가신 뒤 왜 뒷산에 고사리를 꺾으러 자주 가셨을까? 그리고 치매로 아무것도 모르는 홀시아버지를 모시는 일이 어찌 힘들고 귀찮지 않았을까? 또 혼자 사시는 것이 어찌 편하고 좋기만 했을까? 자식들 앞에서는 강한 척하시며 약한 모습을 보이지 않으려고 힘들 때면 아버지 산소에 찾아 가신 것이다. 그때는 엄마가 고사리를 꺾으러 가는 줄만 알았다. 얼마 뒤에야 알았다. 엄마가 가끔 아버지 생각이 나실 때나 힘들 때는 고사리를 꺾으러 가는 척하고 아버지 산소에 가서 실컷 울고 오셨다는 것을. 엄마는 우리 자식들의 마음이 아플까 봐 아무렇지 않다고 좋다고 괜찮다고 거짓말을 하셨던 것이다. 나는 엄마 마음을 전혀 몰랐던 바보였다. 엄마가 힘들고 외로워도 모르고 살았다. 정말 엄마는 능숙한 거짓말로 우리 자식들을 다독이고 속인 거짓말쟁이다.

※ 2011년 5월 등단작.

가슴에 꽃을 피우는 사람들

　2011. 11. 21. 그날은 대한문학제가 열리는 날이었다. 한 달 전부터 안내장을 받고 무척이나 기다렸다.
　전북대학교 평생교육원에서 수필을 배우기 시작한 지 2년이 되어가지만 목요일 야간반 외에 다른 문우님들은 잘 모른다. 그러기에 문학회나 문인들이 주관하는 행사에는 낯설어 참석하지 않았다. 대한문학제에서 신인상을 받는다고 하니 좋으면서도 어설픈 글 솜씨로 얼굴을 내밀기가 부끄럽고 송구스런 마음이었다. 한편 유명하고 훌륭하신 분들이 모인 자리에서 신인상을 받는다고 생각하니 기쁘기도 했다. 가족들과 함께 참석하여 좋은 자리가 될 수 있게 하라는 말에 친정어머니도 모시고 가고 싶었다. 친정어머니께도 미리 말씀을 드렸고 남편과 딸들에게도 그날은 다른 약속을 해서는 안 된다며 일러두었다. 그날 이후부터 어떤 분위기에서 시상식을 하는지 상상의 나래를 폈다.

드디어 그날은 다가왔다. 친정어머니께서 우리 집에 오셨다. 몇 년 만인가 모르겠다. 아침 일찍 출발해야 하기 때문에 행사 전날 어머니를 우리 집으로 모시고 왔다. 친정어머니께서 우리 집에 오셔서 주무신 것은 내가 결혼한 지 30년이 되도록 세 번째다.

어머니는 자식들 집에는 자주 가시지 않는다. 가끔 우리 집에 가시자고 하면

"너희들이 자주 집에 찾아오는데 굳이 내가 갈 필요가 뭐 있냐."

하며 거절 하셨다. 자식들에게 조금도 부담을 주지 않으려는 어머니의 넓은 마음이다. 하지만 이번만큼은 어머니를 우리 집에 모시고 올 수 있는 이유가 충분했다. 친정에 가면 늘 이것저것 퍼주고도 모자라서 더 주지 못해 항상 마음에 걸려하시는 어머니다. 잘하고 있는 딸의 모습을 보여드리고 걱정을 내려놓게 하고 싶었다. 나도 열심히 살고 있는 모습을 보여드리고 대견해하고 흐뭇해하실 어머니의 모습을 보고 싶었다.

"늙은이가 그런 자리에 어떻게 가냐. 늙어 창피해서 그러니 너희들이나 다녀 오거라."

설득하는 내내 어머니께서는 가지 않겠다며 변명을 하셨다. 어머니를 꼭 모시고 참석하고 싶었다. 뿌리치는 어머니를 며칠이나 설득하여 간신히 확답을 받아 동행하게 되었다. 마음이야 딸이 상을 받는다고 하니 얼마나 가고 싶었을까. 하지만 가고 싶으면서도 사양하는 모습이 내 눈에 역력하게 보였다. 몇 번의 설득 끝에 우리 집에 오셔서 주무시게 되었다. 어머니와 나란히 누워 밤이 깊어가고 새벽이 다가오는 줄도 모르고 어릴 적 추억이 묻어 있는 이야기와 어머니의 속이야기도 들으며 밤을 보냈다. 6남매를 건강하게 키워낸 어머니의 젖가슴도 슬며시 더듬어 보았다. 젖이 부족하여 6남매를 키우며 그토록 애를 태우셨다는 젖가슴을. 어머니를 빤히 올려다보며 젖을 먹던 아가 때의 내 모습도 상상해 보았다.

잠깐 눈을 붙이고 새벽 4시에 일어나 예쁘게 단장하고 어머니, 남편, 딸과 함께 전북대학교 평생교육원으로 갔다. 관광버스에 40명의 회원과 가족들이 자리를 꽉 메우고 서울을 향해 달려갔다. 행사 장소에 도착해보니 행사 요원들뿐이었다. 전주에서 올라간 우리 행촌수필문학회 회원과 가족들이 제일 먼저 도착했기 때문이다. 시간이 다가오면서 차츰차츰 모이기 시작하더니 어느새 행사장을 가득 메웠다. 마련한 자리가 부족하여 의자를 가져다가 자리를 늘리느라 어수선하기도 했다. 생각보다 많은 회원들이 참석한 것 같았다. 글을 쓰는 유명한 분들과 자리를 함께했다는 것이 마음을 뿌듯하게 했다. 그리고 내 꿈도 더 커졌다. 열심히 해보겠노라고.

서울에 사는 고모와 동생, 둘째 딸도 사위와 함께 찾아와 축하해주었다. 정말 좋았다. 우리 가족이 제일 많이 참석한 것 같았다.

행사에 참석한 회원들 모두에게 명찰을 달아 주고 이윽고 행사가 시작되었다. 초대받아 오신 분들의 소개와 환영사, 축사도 있었다. 수상자들은 앞자리에 자리를 마련해 놓아 회원들을 마주하고 앉았다.

글을 쓰는 분들이라서 동질감을 느낀 걸까? 회원들 모두 얼굴이 환하고 밝은 모습이다. 맨 앞자리에 초대 손님 중 대우스님이라는 분도 있었는데 웅변을 하듯 강한 어조로 환영사를 하는 모습이 인상 깊었다. 말씀 중에 여기에 모인 분들은 '가슴에 꽃을 피우는 사람들'이라고 하였다. 고개가 절로 끄덕여졌다. 가슴에 꽃을 피울 수 있는 사람만이 글을 좋아하고 사랑하며 그 마음을 글로써 토해낼 수가 있다고 하였다. 글을 쓰는 사람들은 가슴에서 용솟음치는 생각과 느낌을 아름답게 표현하여 멋스런 환한 꽃으로 승화시켜 세상에 내놓을 수 있는 자신을 가진 사람들이다. 그 말을 듣고 보니 모두가 꽃처럼 환해 보였다. 마음이 따뜻하고 아름다운 사람, 인정을 베푸는 사람이 되어야 좋은 글을 탄생시킬 수 있다는 것을 알게 된 의미 깊은 날이었다.

검정 고무신

　아주 오래된 흑백 사진 한 장이 있다. 초등학교 2학년 봄 소풍 때 찍은 사진이다. 요즘처럼 흔한 백일 사진과 돌 사진 한 장이 없다. 6학년 때 찍은 졸업사진 외에 낡은 빛바랜 사진 한 장이 고작이다. 그 사진 속에는 나와 멋진 남학생 단둘이 서 있다. 남학생은 검정 모자를 쓰고 운동화를 신고 있다. 신사복처럼 멋있는 검정색 옷을 단정하게 차려 입었다. 어깨에는 분홍색의 예쁜 물통을 메고 차렷 자세로 제법 의젓하게 서 있다. 반면에 옆에 서 있는 어린 나는 모자를 쓰지 않아 햇빛에 눈이 부셔서 얼굴은 찡그리고 있다. 남학생에 비해 초라한 옷차림에 검정 고무신을 신고 있다. 어깨에 물통도 메지 않았다. 사진 속의 두 사람은 너무 대조적이다.

　이 사진은 결혼할 때 완주 소양에서 혼수품을 용달차에 싣고 신혼살림을 시작하는 전주 전미동으로 오면서 나와 함께 왔다. 어릴 적에는 이 사진을 볼 때마다 마음이 너무 아팠다. 어린 마음에 너무 서운해 책 속에 끼워 보관했다. 지금은 세월이 흐르면서 그 사진은 그때의 감정과 함께 누렇게 퇴색해 버렸다. 이젠 추억을 되새겨주는 귀한 사진일 뿐이다.

　가끔 지난날의 추억을 모아둔 앨범을 보면서 혼자 웃기도 하고 오랜 세월 잊었던 추억의 끈을 이어 놓기도 한다. 그 순간은 추억 속으로 푹 빠져든다. 40년이 훨씬 지난 지금, 어린 시절부터 젊은 시절과 아이를 낳아 기르면서 찍은 사진까지 잊고 있었던 추억의 보따리를 풀어 본다. 지난날들이 활짝 펼쳐진다. 그 많은 추억들이 한 장 한 장 사진을 넘길 때마다 스크린처럼 상기된다. 좋은 사진들만 넣어 두었건만 어찌 그리 촌스럽게 보이는지. 촌스러움에 웃음이 절로 나온다. 어쩌다 기분이 좋지 않을 때는 추억이 담긴 앨범을 보면 마음이 금방 환해지는 새로운 사실을 발견하기도 했다.

　우리가 어릴 적에는 사진으로 추억을 간직할 생각조차 못했다. 카메라가 지금처럼 흔하지도 않았다. 카메라를 어깨에 메고 다니는 사람을 보면 아주 부잣집 사람이거나 다른 나라 사람처럼 멋져 보였다. 지금은 집집마다 디지털 카메라가 있고, 스마트폰 카메라도 화질이 놀랄 정도로 좋은 시대가 되었다. 그 사진을 컴퓨터에 저장해 놓거나 CD에 담아 놓으면 변하지도 않으니 얼마나 좋은가.

　나에게는 고모가 세 분 계신다. 큰고모는 내가 어린 나이에 결혼하셔서 큰고모와의 추억은 기억나지 않지만 막내 고모는 나와 6년 차이밖에 나지 않기 때문에 자매처럼 살았다. 둘째 고모는 성격이 활달하고 머리도 무척 좋은 분이셨다. 막냇삼촌과 우리 6남매의 숙제검사며 우리가 모르는 것을 여쭤보면 척척 가르쳐 주는 가정교사 역할을 할 정도였다. 둘째 고모는 늘 책을 끼고 있었으며 틈틈이 한문과 영어 공부를 하셨다. 또한 누나로서 막냇삼촌에 대한 사랑은 남다르게 지극했다. 사진 속의 내 옆에 서 있는 멋쟁이 남학생이 다름 아닌 바로 막냇삼촌이다. 아버지께서 맏이다 보니 나와 삼촌은 한 살 차이밖에 나지 않았다. 아버지와 어머니께서 결혼한 뒤에 삼촌이 태어났다고 한다. 지금도 친구처럼 다정하게 지내지만 그때는 오누이처럼 지냈고 남들도 오누이로 보았다. 그러던 중 막냇삼촌이 네 살, 내가 세 살 때 할머니가 돌아가셨다. 그리고 3년 뒤, 새할머니가 오셨다. 새할머니도 삼촌은 물론이고 모든 식구들에게 잘하셨다. 그럼에도 불구하고 둘째 고모는 삼촌에게 엄마 역할을 해주었다. 엄마를 일찍 여읜 안쓰러움 때문이었을까? 좋은 것은 삼촌부터 주었고 그 다음은 우리 조카들 차지가 되었다. 할머니도 어머니도 고모들도 모두 내 형제들보다 삼촌이 항상 우선이었다. 초등학교 2학년 봄 소풍 때 삼촌과 함께 찍은 이 흑백사진도 삼촌을 위해서 고모가 사진사에게 부탁하여 찍은 것이다. 어린 내 마음에는 모든 식구들이 유독 삼촌에게 잘하는 것이 싫었다. 삼촌은 초등학교 1학년 때부터 운동화를 신었다. 나는 4학년 때까지 검정 고무신을 신고 다녔다. 삼촌의 운동화가 얼마나 좋아 보였던지 삼촌이 벗어 놓은 사이 가끔씩 몰래 신어보곤 했다. 검정 고무신을 신었을 때 못난이 같았던 내 발이 운동화를 신으면 너무 예쁜 발로 변했다. 지금은 사진을 보며 웃을 수 있지만 어린 나이에는 삼촌과 차별하는 것이 너무 싫었다.

그땐 어린 마음에 울고 싶고 힘들었지만 이젠 웃을 수 있는 아름다운 추억으로 변해 있다. 조카들이 밉거나 싫어서가 아니었다는 것을 나이가 들면서 알게 되었다. 인정 많은 고모다. 조카들까지 다 잘해주지 못해 안타까워하고 아쉬워했을 고모의 마음을 그때는 왜 몰랐을까? 세월을 따라 서서히 철이 들고 마음도 성숙해지는 것 같다. 이런 추억들은 온 가족이 모두 모일 때 이야깃거리가 되고 웃을 수 있는 분위기를 만들어 준다. 대가족이 오순도순 살던 그때가 그립다.

김장하는 날

"택배 왔어요."

토요일 오전 모처럼 집에서 쉬고 있는데 택배아저씨가 하얀 아이스박스를 들고 마당으로 들어온다.

'택배가 올 데가 없는데 뭐지? 혹시 딸들이 인터넷으로 뭘 샀나?'

이런 생각을 하며 마당으로 나가 받아들었다.

둘째 딸 시어머님이 보낸 자연산 전복이었다. 둘째 딸 시어머님은 몸이 약해서 힘든 일은 못 한다고 했다. 김장을 못해서 김치를 사서 드신다고 하기에 둘째 딸 김치와 함께 사돈댁 김치까지 고속버스 편에 보냈었다. 그랬더니 몸에 좋다는 전복을 몽땅 사서 택배로 보내온 것이다.

　김치냉장고가 나온 뒤부터 김장 시기가 없어졌지만 대부분 11월 중순부터 12월이면 어느 집이나 김장을 하게 된다. 우리는 해마다 친정에서 어머니가 정성들여 가꾼 배추와 무, 그리고 여러 가지 양념들을 가지고 가족이 모두 모여 김장을 한다. 젓갈과 청각, 굴, 새우 같은 해물은 시장에서 사지만 채소는 어머니가 농사를 지은 유기농이다

　동생들과 고모, 작은아버님 댁 등 10여 집의 김장을 함께 해왔다. 해가 갈수록 나누어 먹을 식구가 늘어난다. 작년에는 고모네 아들 둘이 결혼하여 두 집이 늘었고, 올해는 우리 둘째 딸이 출가하여 한 집이 또 늘었다. 그러다 보니 김장을 할 때면 공사판이라도 벌인 것 같다.

　배추가 600~700포기라면 가족이 모두 모여 부지런히 해도 적지 않은 일이다. 그날만큼은 김치공장 못지않게 배추가 많다. 배추는 밭에서 뽑혀 경운기에 실려와 마당의 절반쯤 자리를 차지하고 있다. 배추를 바라보니 시작도 하기 전에 질려 겁이 났다.

　그래도 손발이 척척 맞아 쉽게 일이 잘 진행되어 갔다. 소금에 절이기 시작하면서 배추는 양이 차츰차츰 줄어 10여 개가 넘는 큰 통 속에 가득가득 채워졌다.

　온 식구들이 몸을 아끼지 않고 얘기하며 웃고 집안일에 대해 의논도 했다. 힘든 줄도 몰랐다. 이번에는 어머니 생신이

들어있는 1월에 제주도 2박 3일 가족여행을 가자는 의견이 나왔다. 가족 모두 찬성하며 기대에 부풀어 있다.

김장하는 날만큼은 남녀 할 것 없이 모두 빨간 고무 손이다. 막걸리에 대추와 생강, 계피 등 여러 가지를 넣어 오래오래 달여 만든 모주를 마시고 김치 속을 버무려 금방 삶은 돼지고기에 보쌈을 해서 먹는 맛은 일품이다. 숯불에 돼지고기를 두툼하게 썰어 석쇠에서 노릇하게 익힌 돼지고기 맛은 둘이 먹다 하나가 죽어도 모른다는 말을 실감나게 한다. 김장하는 날은 가족의 우애를 돈독히 할 수 있는 좋은 날이다.

깨끗하게 씻어 수북하게 쌓아놓은 배추에 고추양념을 골고루 발라 한 통씩 차근차근 담아 놓았다. 수북하게 쌓인 김치를 보니 갑자기 어려운 사람들이 생각났다.

"어려워서 김장할 수 없는 사람들이 이 모습을 보면 얼마나 부러울까?"

내 입에서 말이 떨어지기가 무섭게 어머니가 얼른 말을 이으신다.

"주기 좋아하는 우리 큰딸이 또 누구 주고 싶은 사람이 있나 보네?"

어머니는 내 마음을 거울처럼 들여다보고 계셨다. 사실 나누어 주고 싶은 사람들을 머릿속으로 꼽고 있었다. 나뿐만 아니라 동생들까지 주위에 어려운 사람과 김장을 못하는 사람들에게 주려고 몇 통씩 챙기는 걸 보면 어쩔 수 없는 어머니 자식들이다. 어머니는 남들에게 주기를 좋아하시는 분이다.

어렸을 적에도 우리 집은 김장을 무척 많이 했다. 지금은 김치냉장고가 있어 손쉽게 보관하지만 옛날에는 큰 김장독을 땅에 묻고 그 속에 김치를 넣어 보관하고 꺼내 먹었다. 항아리도 어찌나 크던지 그 항아리는 움직이지를 못해 마당 구석 그 자리만 지키고 있었다. 땅속에 묻어 두었던 장독 속의 김치 맛은 지금도 생생하게 내 입안에 남아있다. 요즘은 갖은 양념을 많이 넣어 맛있게 담아도 그 옛날 맛을 되찾을 수 없어 아쉬울 뿐이다. 입맛이 변한 것일까?

예전부터 어머니께서 김장을 항상 많이 담그는 이유가 있었다. 그땐 새마을운동이 한창이던 때라 농촌에서는 유난히 주민들을 동원하여 공동부역이나 좁은 마을길을 넓히는 일을 많이 했다. 그때 새마을지도자는 우리 아버지셨다. 지금은 돌아가셨지만 공동사업을 하는 날이면 엷은 갈색 새마을 제복에 오른쪽 팔에는 '새마을 지도자'라고 쓰인 완장을 차고 다니던 모습이 눈에 선하다. 아버지의 모습은 정말 멋지셨다. 아버지께서는 마을을 위해 많은 업적도 남기셨고 나라에서 주는 표창장도 많이 받았다. 보리 증산왕이라는 도지사상을 받을 만큼 농사 기술도 우수했다.

새마을 공동사업을 하면 간식과 새참으로 국수와 막걸리를 내놓았다. 반찬과 안주는 김치뿐이다. 그럴 때마다 어머니께서는 땅속에 묻어 둔 큰 장독에서 꺼낸 김치를 큰 양푼에 썰어서 담아 주시면 그걸 들고 새마을 공동사업장으로 가시던 아버지의 뒷모습을 볼 수 있다. 아버지는 쫓기 듯 언제나 바쁜 걸음이셨다. 그렇게 나누어 먹어야 되기 때문에 김치를 많이 담았던 모양이다. 어머니께서 담근 김치가 맛있다고 마을 사람들에게 칭찬도 많이 들었다.

  김치를 담그는 방법이나 재료는 어느 집 할 것 없이 거의 비슷하다. 젓갈, 마늘, 생강, 파, 참깨, 고추 등등. 그런데 김치 맛이 집집마다 다른 이유는 무엇 때문일까? 예로부터 음식 맛은 손끝에서 난다고 했다. 손끝에서 어찌 맛이 나겠는가? 음식을 만드는 사람의 정성이 있어야 한다는 뜻이 아닐까 싶다.

꿈속에서라도 보고 싶은 아버지께

　겨울이 게으름을 피우고 있었지만 그렇다고 봄이야기를 꺼내기는 일렀던 음력 2월 3일, 아버지께서는 세상을 떠나셨지요. 그때 운명하시기 전 며칠 동안은 하늘도 슬펐던지 세상이 온통 냉장고 속이었습니다. 그런데 장례를 치르는 3일 동안은 어찌된 일인지 날씨가 풀리더니 화창하기조차 하여 봄날 같았습니다. 장례를 도와주던 마을 사람들은 "그분이 좋은 일을 많이 베풀어 덕을 쌓더니 하늘마저도 마지막 가시는 길에 추위를 녹여 돕는다."고 자못 좋아하기도 했습니다.
　아버지! 하늘나라에서 마음 편히 잘 계시는지요? 아버지께서 우리 곁을 떠나신 지 벌써 14년이 지났어요. 돌이켜보니 무심하게 지낸 세월이 훌쩍 그렇게나 많이 지났네요. 아버지께서 하늘나라로 가신 것을 인정할 수 없어 힘들었는데 세월이 흐르면서 차츰차츰 아팠던 가슴이 무디어지는 것은 제가 못된 딸인가 봐요.

아버지께서 돌아가신 뒤 아버지 당부에 따라 어머니의 마음을 상하지 않게 잘 모시려고 노력해 왔어요.

아버지! 오늘따라 마파람을 타고 개굴개굴 울어대는 청개구리의 요란한 울음소리가 집안으로 파고드는 걸 보니 비가 오려나봅니다.

해가 질 무렵, 청개구리가 집 안으로 들어오면 아버지께서는 "내일은 비가 오겠구나." 이렇게 말씀하셨지요.

또한 유난히 장독대에 청개구리가 눈에 잘 띄는 날도 있었어요. 그때도 아버지께서는 똑같은 말씀을 하셨어요. 그런 날은 아버지 마음이 바쁘셨던지 자꾸 하늘을 올려다보고 바쁘게 논밭을 오가며, 비가 오면 혹시라도 농작물에 피해를 입을까 봐 미리 손을 쓰곤 하셨어요.

아버지는 청개구리의 움직임을 보고 날씨를 미리 예측하셨지요. 어린 저는 참으로 신기하기만 했어요. 그리고 학교에 가는 우리에게 "비가 올 것 같으니 우산을 가지고 가거라."하며 우산을 꼭 챙겨주시곤 하셨지요. 그런 날은 꼭 비가 왔어요.

아버지는 어느 날 어린 우리 6남매를 불러 모아놓고 비가 오려고 하면 청개구리가 우는 이유에 대하여 동화를 들려주셨지요. 그래서 여름날 비가 오려고 하면 청개구리가 목이 터져라 우는 것을 알았답니다.

　아버지는 참으로 자식들에게 다정다감한 분이셨어요. 이렇게 비가 오려고 청개구리가 울어대는 여름이면 아버지에 대한 그리움에 가슴이 저려 눈물이 납니다. 아버지의 뜻과 반대로 청개구리처럼 무척이나 아버지의 마음을 상하게 했던 딸이기에 돌이킬 수 없는 지난날이 야속하기까지 합니다. 청개구리처럼 목이 터지게 울어도 소용없고 아버지의 마음을 상하게 했던 지난날을 후회하고 반성해도 아버지께서 아실 리 없어 안타까움에 흐느낄 뿐입니다.

　아버지는 집안일이며 마을에 관한 일들까지 맡아 척척 하는 분이셨지요. 마을 어른들도 어려운 일이 생기면 아버지께 도움을 청하러 오셨던 것이 생각납니다.

　그러시던 아버지께서는 안팎의 일에 파묻혀 병이 심해질 때까지 모르고 계셨어요. 아니, 아버지의 몸이 이상하다는 것을 느꼈으면서도 설마, 설마 망설이셨지요? 뒤늦게 병원에 가셔서 암이라는 판정을 받았을 때 우리는 하늘이 무너지는 것 같았어요. 자식을 위해 고생만하셨는데 조금만 더 사셨어도 자식들 잘사는 모습을 보셨을 것을 생각하니 가슴이 하염없이 아픕니다.

　아버지는 막상 병석에 눕게 되니 당신께서 더 살아야 한다고 어린 우리들에게 애원하듯 말씀하셨지요.

"내가 할 일이 아직 너무 많이 남았다. 내가 이대로 가서는 안 되는데……." 하시며 말끝을 잇지 못하셨어요. 아버지께서 살아야겠다는 의지와 아버지를 이대로 돌아가시게 해서는 안 된다는 염원으로 온 식구가 마음을 모아 최선을 다해 힘든 사투를 벌였지만 당신은 끝내 암이라는 병마를 따라 가셨어요.

아버지! 아버지를 끝까지 지켜드리지 못하고 회갑도 되기 전에 일찍 하늘나라로 보내드려 너무너무 죄송해요. 어린 6남매 자식들과 연로하신 할아버지 할머니, 그리고 그 많던 농사일을 가냘프기만 하신 어머니께 맡기고 하늘나라로 가실 때는 얼마나 마음이 아프셨어요? 아버지께서는 돌아가시는 날까지 무거운 짐을 내려놓지 못하고 자식들의 앞날과 집안일까지 걱정하셨지요. 아버지의 야위어가는 모습을 어쩔 수 없이 지켜보는 우리의 마음도 무척이나 아팠답니다.

아버지! 아버지가 돌아가신 뒤에 어머니께서는 아버지를 끝까지 지켜드리지 못한 것이 자신의 잘못인 양 마치 죄인처럼 우리 자식들 앞에서는 차마 울지도 못하고 몰래 뒷간에 숨어 종종 옷소매로 눈물을 훔치는 것을 보았습니다. 그리고 아버지의 산소가 있는 뒷산에 고사리를 꺾으러 자주 가셨지요. 뒷산에 고사리를 꺾으러 간다는 핑계로 아버지의 산소에 가서서 한참을 우셨겠지요. 저희 자식들은 알면서도 모른 척해야 했답니다. 자식의 마음이 이렇게 아픈데 어머니의 마음은 오죽이나 했겠어요?

아버지! 하늘나라에서 우리 자식들을 지켜보고 계시지요? 아버지께서는 형제간에 우애하며 착하게 살라고 하셨지요. 출가했으니 시어머님 잘 모시고 남편에게 잘해야 하며 아이들 잘 키우라고 하셨어요. 아버지께서 말씀하신 대로 바르게 잘 살고 있답니다.

아버지! 아버지의 가슴을 아프게 했던 지난날 청개구리를 용서하세요. 오늘따라 청개구리의 목청이 높은 걸 보니 많은 비가 오려나 봐요. 이런 날이면 내 가슴에도 비가 주룩주룩 내린답니다. 청개구리처럼 소리 높여 울고 있어요. 아버지가 뵙고 싶어서요.

아버지! 꿈에서나마 한 번만이라도 뵙고 싶습니다. 어찌 꿈에도 뵐 수가 없는 것인지 대답 좀 해주세요.

아버지! 하늘나라 좋은 곳에서 행복하게 잘 지내세요. 그리고 그곳에서는 아프지 마시고 꼭 건강하게 잘 계세요. 아버지! 사랑합니다.

2011. 5. 24. 큰딸 올림

※ 지식경제부 우정사업본부 전국 편지쓰기대회 은상 수상작.

눈처럼 하얀 시어머님 마음

하얀 눈이 소복하게 쌓였다. 오랜만에 화이트 크리스마스를 보는 것 같다. 어젯밤 친정 남매들과 가족모임이 있어 저녁 식사를 하고 자정이 다 되어서야 집으로 돌아왔다.
"일기예보에 눈이 온다고 했는데……."
자정이 가까운 시간에는 눈이 내리지 않을 것 같았다. 잠을 자다가 창밖이 환해서 깜짝 놀라 눈을 떴다. 새벽 네 시다. 창문을 열어 보았다. 서너 시간 사이에 눈이 소복하게 쌓여 있었다. 눈은 사람들이 잠든 사이에 몰래 내리나 보다.
날이 새려면 아직 멀었다. 하얀 눈이 내려 날이 샌 것처럼 환할 뿐이다. 마당의 눈을 치우려고 두터운 양말을 신고 목도리를 두르고 장갑도 끼고 현관문을 나섰다. 식구들이 깰까 봐 살짝 현관문을 열었다. 그런데 '삐~그~덕!' 현관문 열리는 소리는 고요한 새벽의 큰 울림이었다. 현관문을 하루에 몇 번씩 열고 닫으면서도 소리가 이토록 요란한 줄 몰랐다. 현관문 소리는 식구들이 잠든 고요한 새벽을 흔들어 놓았다. 식구들이 깼을까 봐 방 쪽으로 귀를 기울이고 잠시 멈칫했다. 아무도 깨지 않았다. 다행이다.

뽀드득뽀드득 눈 위를 걸어서 창고에 있는 싸리비를 꺼내 들었다. 남편이 일어나기 전에 얼른 쓸어 놓아야겠다는 생각으로 허리도 펴지 않고 부지런히 쓸었다. 시어머님이 살아계실 적에 하시던 것처럼 흉내를 내보고 싶었다. 꽤 많은 눈이 쌓여 힘이 들었다.

시어머님 생각이 떠올랐다. 굽은 허리를 이끌고 다니며 자식들이 깨기 전에 마당의 눈을 치우려고 새벽부터 따뜻한 아랫목을 박차고 일어나셨을 것이다.

소복하게 쌓인 하얀 눈을 보니 시어머님 생각이 가슴을 흔들어 놓았다.

시어머님이 소복하게 쌓인 눈을 쓸기에는 힘든 일이었을 텐데 자식들이 깰세라 조심조심 소리를 죽이며 눈을 쓸어 놓으시곤 했다. 세상 어머니들이 모두 그러겠지만 우리 시어머님은 부지런하시고 자식을 사랑하는 마음이 남달랐다. 마당에 소복하게 쌓인 하얀 눈을 바라보고 있노라니 굽은 허리로 눈을 쓸던 시어머님의 모습이 희미하게 보이는 것 같다.

눈이 오는 날이면 일어나자마자 먼저 창문부터 열어 보았다. 마당은 언제나 깨끗하게 쓸어져 있거나 대문 앞까지 단정하게 하얀 길이 만들어져 있었다. 눈이 적게 내리면 마당 전체를 쓸고 눈이 많이 내린 날이면 시어머님이 감당하기에 힘이 드셨던지 대문으로 나가는 길만 내놓곤 했다. 늦잠을 자고 일어나 미안해서

"어머님! 마당은 저희가 쓸어도 되는데 더 주무시지 그러셨어요?"

"나이가 들수록 일을 해야 건강하다."

하시면서 매번 눈 오는 날 마당 쓰는 일은 시어머님의 몫으로 삼았다. 허리는 굽으셨지만 식사도 잘하고 정정하던 시어머님이 어느 날 갑자기 중풍으로 쓰러지셨다. 자식으로서 당연히 해야 할 일이건만 시어머님은 대소변을 치울 때면 무척이나 미안해 하셨다. 조금도 자식에게 짐이 되어서는 안 된다고 하시던 시어머님인데 거동을 못하여 몸을 부리고 며느리에게 맡겼으니 많이 힘드셨을 것이다. 오랜 기간 동안의 한방치료와 물리치료에 시어머님의 의지로 간신히 기어서나마 화장실과 마당 출입은 할 수 있게 되었다.

그 후로 시어머님은 거실에 앉아서 밖을 내다보시고 식구들을 기다리는 것이 하루 일과가 되었다. 해가 질 무렵이면 손과 발로 기어서 대문 앞까지 나와 앉아 식구들이 오기를 기

다리는 것도 시어머님 생활의 일부였다. 대문 앞까지 나오셔서 식구들을 기다리면 빨리 오는 것도 아닌데 늘 애타게 기다리고 계셨다. 시어머님은 몸이 성치 않으면서도 식구들이 모두 귀가해야 방으로 들어가셨다. 식구들이 학교와 직장으로 모두 나가고 없는 낮에는 불편한 몸을 이끌고 마당을 기어 다니기도 했다. 서 있는 것조차 힘이 들고 몸을 지탱할 수 없어 마음대로 움직이지 못하셨기에 앉은 자세로 엉덩이를 끌고 다니셨다. 시어머님의 바지는 엉덩이 부분에 구멍이 나는 것은 예사였다. 성치 않은 몸으로 텃밭도 돌아보시고 계단을 기어서 올라가 옥상에 있는 장독대를 검사하는 것도 시어머님의 일이었다. 매일 바지는 흙이 묻어 있었다.

며느리가 미덥지 못해서 그러셨을까? 아니면 며느리의 일손을 도와주려고 그러셨을까? 불편한 몸으로 시어머님이 애써 도와주셨지만 건강할 때와 다르게 나로서는 무척 불편했다. 남들이 시어머님이 일하는 모습을 보면 못된 며느리로 생각할까 봐 일을 못하게 말렸다. 시어머님이 좋아서 하는 일이었는데 그때는 불편한 몸으로 일을 도와주시는 것이 편치 않았기 때문이다.

일과 함께 평생을 사셨고 일을 즐기며 사신 분이신데 일을 못하게 말렸으니 얼마나 답답하고 힘들었을까? 나이가 들수록 소일거리는 있어야 하고 활동을 해야 건강에 좋다는 것을 알면서도 말이다. 나의 위선이었다.

단골 미용실의 풍경

 유전일까? 한 달에 한 번은 꼭 미용실에 간다. 흰머리를 염색하기 위해서다. 부모님께서도 젊은 나이에 흰머리가 나셨다. 가끔 염색약을 사다가 쭈그러진 양재기에 염색약을 넣어 뭉그러져 못 쓰는 칫솔로 휘휘 저어가며 거울 앞에 앉아 흰머리에 바르는 것을 예전에 많이 보았다. 어머니께서 머리 염색을 시작했던 그 나이에 내 머리도 흰머리가 많아졌다. 처음엔 하나씩 보이는 대로 뽑아냈다. 그런데 흰머리는 뽑으면 뽑을수록 자꾸 많아졌다. 친구가 그랬다.
 "흰머리는 하나를 뽑으면 그 자리에서 두 개가 난다!"
 정말 그러는 걸까? 뽑으면 뽑을수록 흰머리 수가 더 많아지는 것 같았다. 흰머리와 전쟁을 하다가 나는 손을 들고 말았다. 어쩔 수 없이 그때부터 염색을 하게 되었다. 옛날과 달라서 요즘은 염색하기에 좋은 빗이며 일회용 장갑, 몸을 가릴 수 있는 넓은 비닐 등이 염색약과 함께 들어있어 간편하고 편리하다. 그런데도 염색하려면 여간 번거로운 일이 아니다.

그렇다고 딸들에게 도움을 청하기도 미안했다. 그래도 남편에게 부탁하는 것이 편했다.

"흰머리가 많아서 그러는데 머리 염색을 좀 해주실래요?"

"응!"

설마하고 부탁을 했는데 주저하지 않고 시원스럽게 대답하고 문제없다는 듯 선뜻 덤볐다. 그런데 너무 서툴러 옷이나 손에 온통 검은 염색약으로 난리를 쳐놓았다. 쉬운 일이 아니라며 남편도 고개를 설레설레 저었다. 어렵게 머리 염색을 마치고 그 다음부터는 단골 미용실로 다녔다.

내가 다니는 단골 미용실은 저층 아파트 상가에 있는 비교적 값이 싼 미용실이다. 이곳 L미용실과 단골이 된 것은 벌써 10년이 넘는다. 그 전에는 내 맘에 들게 썩 잘하는 미용실을 찾지 못해서 전전긍긍했다. 이쪽 미용실에서 마음에 안 들면 저쪽 미용실로 거기에서도 마음에 안 들면 또 다른 미용실로 옮겨 다녔다. 그러다가 지금의 미용실을 만났다. 파마를 했는데 내 맘에 쏙 들었다. 그때부터 그 미용실을 찾기 시작했고 지금까지 변함없이 다니는 단골 미용실이 되었다.

내 얼굴에 잘 어울리게 머리를 자르고 파마도 잘했다. 머리 손질을 할 때마다 원하는 대로 말을 잘 듣는다. 그것도 그렇거니와 무엇보다 미용실 원장님의 따뜻한 인간미가 마음에 쏙 들어 L미용실에 계속 다닌다. L미용실은 아파트를 끼고 있는 미용실이라 머리를 손질하러 온 손님뿐만 아니라 참새 방앗간처럼 지나가며 들르는 사람들이 많다. 사람들이 많이 모이는 것은 미용실 원장님의 마음이 너그럽기 때문이다.

점심시간이 되면 놀러온 사람들 중에서 아무나 쌀을 씻어 밥을 하고 찌개를 끓이곤 한다. L미용실에 처음 오는 손님들은 주인이 누구인지 손님이 누구인지 모를 정도다. 밥을 넉넉하게 해서 오는 사람 가는 사람 단골손님이 아니라도 밥을 먹고 가라고 부르는 것은 원장님의 철철 넘치는 인정이다. 미용실을 찾는 사람들도 모두 원장님을 닮은 것 같다. 집에 먹을 것이 있으면 미용실에서 나누어 먹으려고 싸들고 온다. 그런 광경을 보고 있노라면 내 마음도 포근해진다.

머리 염색을 하든 파마를 하든 미용실을 찾을 때가 되면 무척 망설이고 몇 번이고 달력을 보며 날을 정한다. 바쁜 시간을 쪼개어 시간을 내야 하기 때문이다. 파마를 빨리하는 방법은 없을까? 미용실에 갈 때쯤이면 그런 생각을 자주 하게 된다. 나로서는 미용실에 가서 기다리는 시간이 무척 아깝다. 보통 두 시간에서 세 시간은 걸리기 때문이다. 매번 미용실에 전화를 해서 기다리고 있는 사람이 적을 때 가기도 한다. 바쁜 시간에 간신히 틈을 내어 갔기에 두 시간을 넘게 기다리고 있으려면 왜 이렇게 마음이 바쁜지 애가 탄다. 내 앞에 몇 사람이 밀려 있으면 다음으로 미루고 그냥 나오기도 한다. 때로는 그 미용실을 찾는 사람들은 배려심도 많아 나에게 양보해 주기도 한다. 그런 날은 정말 고맙기 짝이 없다. 머리를 비닐망으로 싸매고 있다 보면 미용실에 모인 사람들의 이야기를 듣는 것도 재미가 쏠쏠하다. 주변의 사건사고와 화젯거리며 재미있는 유머들이 많이 나온다. 하물며 남의 흉까지도 서슴없이 끄집어내는 사람도 있다. 나에게 필요치 않은 이야기는 흘려버리면 된다. 그렇지만 귀담아 들으면 살림에 도움이 되는 지혜도 얻게 되며 유익한 이야기들이 더 많다. 나에게 도움이 되는 좋은 이야기는 머리에 담아 놓는다. 이런저런 이야기를 듣고 앉아 있다 보면 두 시간이 오히려 짧다.

남을 위해 봉사한다는 이야기도 종종 나온다. 그것은 쉬운 일은 아니지만 마음만 먹으면 할 수 있는 일이기도 하다.

연말이 되니 여기저기서 얼굴 없는 천사들이 방송과 신문에 종종 나오고 있다. 미담이나 숨은 봉사자들도 속속 보도되고 있다. 정말 가슴 뿌듯한 일이다. 이 사회가 각박해졌다고는 하지만 남을 도울 수 있는 넉넉한 마음을 가진 사람들이 많으니 아직은 살만한 세상인 것 같아 좋다.

도전정신과 열정으로

"할머니!"

정수기 점검을 다니다 보면 더듬더듬 말을 시작하는 서너 살배기 애기들이 이따금씩 나를 부르는 소리다.

할머니 소리를 들어도 괜찮을 나이인데 왠지 할머니는 달갑지 않아 마음 한구석이 쓸쓸하지만 어린아이들이 바라보는 시선은 속일 수 없다. 눈가에 잔주름은 거미줄처럼 셀 수도 없이 늘어 있고, 머리는 염색을 하지 않으면 반백을 훨씬 넘어 백발에 가까워져 있다. 그렇다고 마음까지 할머니는 아니다.

지국에서는 나이가 가장 많아 왕언니라고 부르지만 나는

웅진이 있기에 꿈과 희망이 있고, 열정을 쏟을 수 있으며, 자신감이 넘치는 것만으로도 중년여성으로서 성공했다고 여기고 있다. 또 웅진코웨이 코디는 나의 천직이며 멋진 희망과 꿈이 있어 좋기만 하다.

처음 성공사례 수기를 쓰려고 마음먹고 한편 나보다 능력이 있는 코디님들도 많은데, 내가 써도 되는 걸까 망설였지만 가슴 가득한 열정과 자신감이 충만한 것만으로도 성공한 것이 아닌가 하고 나름대로 자신 있게 용기를 내 보았다.

나는 2004년 10월에 76기로 입사해 5년째 코디를 하고 있다. 처음 웅진코웨이 일을 시작한 것은 1998년 IMF 때에 친구를 따라 사업국에 입사한 것이 시발점이다.

"출근은 안 해도 된다. 3대만 팔면 200만 원을 벌 수 있다." 라는 말을 듣고 'IMF에 200만 원을 번다면?' 하고 귀가 쫑긋했다.

당신은 못 할 거라고 말리는 남편을 며칠 동안 설득해 큰 꿈을 안고 사업국에 입사했다.

막상 나가 보니 이야기 듣던 것과는 매우 달랐다. 잘하면 더 많이 벌 수도 있지만 생각처럼 그리 쉽지가 않았다. 직장 생활도 전혀 해보지 않은 나는 곧바로 후회했다. 하지만 며칠 다니지도 않고 그만둔다는 것은 나 자신에게 용납되지 않았다.

가장 먼저 남편부터

"그럴 줄 알았지."
할 것이고 주위 사람들의 쓴웃음과 동정의 시선을 생각하니 그만두기가 쉽지 않았다.

그래 어차피 발을 디뎠으니 최선을 다해보자! 내가 사용해보니 웅진제품이 최고가 아닌가?

열심히 해보자. 남들도 하는데 어찌 내가 못하랴. 이를 악물고 다시 오뚝이처럼 일어섰다. 그렇게 하다 보니 수입도 점점 늘고 재미도 있었다.

영업을 계속하면서 요령도 생기고 이 분야에 시야도 넓어졌다. 여자인 나로서는 코디 일이 적성에 맞을 것 같았다. 하여 영업을 그만두고 코디로 다시 입사하게 되었다.

'내가 처음부터 코디를 했더라면…….' 하고 후회했지만 이미 지난일, 뒤돌아보지 않고 앞을 보고 열심히 뛰었다. 너무 재미있었다. 새로운 고객을 만나서 알게 되고, 고객이 리오더를 해주고, 또 다른 고객을 소개해줄 때 너무 행복했다. 그리고 사업국과는 달리 내가 영업할 수 있는 관리 고객이 있다는 것이 너무 좋았다. 자신감이 생기니 하루하루 일하는 것이 즐겁고 재미있었다.

고객님들 눈에도 그렇게 보였는지
"코디님은 일을 참 즐겁게 하세요. 즐겁게 일하는 환한 모습이 너무 보기 좋아요."
하며 격려해 줄 때마다 더 힘이 났다.

일하다 보면 나도 모르게 콧노래가 나올 때도 있다.

이렇게 재미있게 일하는 내 모습을 보고 입사한 장순옥 코디가 있다.

평소 알고 지냈지만 바쁘게 살다 보니 자주 만나지 못했던 사이인데 어느 날 느닷없이 장순옥 코디가

"언니, 나도 코디 해보면 안 될까? 언니가 즐겁게 일하는 모습이 너무 보기 좋은데, 나도 해보고 싶어."

하고 전화가 왔다. 장순옥 코디가 우리 일을 하면 잘할 수 있을 것 같았다. 아니나 다를까 정말 잘했다. 그는 코디들에게 주는 클럽시상이나 진 코디 선정 등 매달 한 번도 빠지지 않고 시상대에 올라갔다.

내가 일하는 모습을 보고 입사한 장순옥 코디가 잘하고 있으니 나 역시 너무 좋았다. 그리고 엄마코디를 닮아 일을 잘한다는 말을 들을 때, 너무 흐뭇했다.

그러면서도 한편으로 부럽기조차 했다.

2008년 7월에 장순옥 코디가 6월달 전국 5위 시상을 받으러 가는 날 지국장께서 내게 청을 하였다.

"엄마코디니까 같이 축하해주러 갑시다."

그래, 장순옥 코디 덕분에 시골 아줌마가 서울 구경도 하고, 좋은 호텔에서 하는 시상식도 참석해본다는 생각으로 단순하게 따라나섰다. 그러나 막상 시상식에 참석해보니 너무 부러웠다.

나도 단상 위로 올라가서 감히 상을 받고 싶은 욕심이 생겼다. 장순옥 코디의 시상식에 하객으로 참석했던 것이 동기부여가 되어 '나도 한번 도전해봐야지!' 하는 욕심과 용기가 생겼다. '나도 전국 시상에 도전해보자!' 하고 마음속으로 굳게 다짐했다. 그날 저녁부터 멋진 호텔에서 예쁜 드레스를 입고 '문봉' 상을 받는 상상을 하니 잠이 오지 않았다. 오직 밥 먹고 잠자는 것 외에는 '문봉'을 목표로 열심히 일했다.

그런 결과, 7월 18일부터 전국 시상을 목표로 정해놓고 시작한 것이 7월 전국 3위라는 영광스러운 자리에 서게 되었다.

그 후, 목표를 세워 열정을 가지고 최선을 다하면 못할 것이 없다는 것을 알았다.

긍정적으로 생각하고 일을 하니 능률적인 방법도 터득하게 되고 일에 탄력을 받아 총국 시상은 빠지지 않았고 전북 총국 1위 자리를 두 번씩이나 차지했다.

코디들이 부러워하는 문봉 코디, 진 코디, 큰 별에도 선정되었고, 지난해인 2008년 전국 실적 새끼코디 장순옥 9위, 엄마코디 나는 27위로 금년 2월에 나란히 손을 잡고 호주 연수를 다녀왔다. 게다가 장순옥 코디는 2008년도 전국 렌탈 1위를 했다. 가히 자랑할 만하다.

그뿐만 아니라 해마다 하계 캠프에 부모 형제 가족들과 함께 휴가를 갈 때는 얼마나 뿌듯한지 모른다. 회사에서 주는 좋은 기회를 얻어 가족 휴가를 즐기니 우애도 돈독해지고 기분 좋게 편히 쉴 수 있어 좋기만 했다. 집에 쌓이는 상장이며 상패를 보면 뿌듯하기만 하다. 그러다 보니 당연히 수입은 늘어났다. 2008년도에는 연봉 5,300만 원을 받았다. 뭐니 뭐니 해도 남편과 자식들에게 능력 있는 아내, 능력 있는 엄마로 인정받아 너무너무 행복하다. 나도 가정에서는 아내요 엄마다. 내가 열심히 일하며 성실하게 생활하다 보니 딸들도 착하게 잘 커주고 있다. 나에게는 네 딸이 있다. 큰딸이 27세, 둘째 26세, 셋째 22세 그리고 막내가 20세인데 사춘기를 모르고 착하게 크고 있다. 자식은 부모가 거울이고 바로 부모의 삶이 산교육인 것을 알았다.

나의 신조는 '어차피 내가 해야 할 일이라면 즐기면서 하자.'이다.

내 나이 52세에도 꿈에 날개를 펴고 즐겁게 일할 수 있는 웅진이라는 직장이 있어 너무 자랑스럽고 좋기만 하다. 나는 아침에 출근하는 시간이 제일 행복하다. 미팅이 있는 날 사무실에 출근하면 동료들이

"언니를 보면 에너지가 넘치는 것 같아요."
"언니를 보면 힘이 나요."

하는데 어찌 즐겁지 않고 행복하지 않을까? 나이를 거꾸로 먹는 듯 젊어지는 기분이다. 조금 더 일찍 코디를 했더라면 얼마나 좋았을까?

나는 무슨 일을 해볼까 망설이는 주부를 만나면 코디 일을

적극 권장한다. 주부들에게 가장 적절한 일일뿐 아니라 시간에 얽매어 있는 일이 아니기 때문에 주부로서 틈을 내어 가사 일도 충분히 할 수 있고 성실하고 친절하게 고객관리를 하다 보면 영업은 자연스럽게 이루어진다고 말한다. 실제 나의 이야기를 해준다. 하지만 노력 없이 얻어지는 것은 없다. 인생은 본인이 만들어 멋지게 가꾸며 살아가는 거라고 생각한다.

나는 이렇게 일하면서 밤이면 배우고 싶은 공부를 하고 있다. 전문 상담사 2급과 3급 자격격증을 취득했고 지금은 전문 1급 과정을 공부하고 있다.

치매와 중풍으로 오랫동안 거동을 못 하고 고생하다가 1년 전 돌아가신 96세의 시어머님을 26년 동안 모실 수 있었던 것도 코디를 했기 때문에 가능했다.

일을 즐겁게 하다 보니 힘든 일도 어려움 없이 해낼 수 있었다. 간간이 고객님과 약속 시간이 비어 있을 때는 집에 들러 시어머님을 보살펴드리고 점심에 집에 와서 시어머님과 함께 식사를 하고 일을 나가곤 했다.

모두가 그러하겠지만 나는 고객님 한 분 한 분을 소중하게 생각한다. 갓 결혼한 새댁이나 20대 고객은 딸처럼, 3~40대 고객은 동생처럼, 50대 고객은 친구처럼, 나이 든 고객은 언니처럼 부모처럼 대하다 보니 빨리 친근해진다. 나이가 많다 보니 지국에서 진상 고객은 거의 나의 몫이다. 조금 불편하기는 하지만 마다하지 않고 찾아간다. 밝은 미소와 당당히 자신감을 가지고 대하다 보면, 따뜻한 고객으로 변해간다. 오히려 그런 분들이 오다 소개를 해주기도 한다. 그래서 좋은 관계로 발전한다.

코디 일은 많은 것을 얻는 비전 있는 직업이다. 열심히 일하다 보면 자신감, 보람, 성취감, 감동, 행복 모든 것을 맛볼 수 있다. 자신감을 가지고 최선을 다해 도전해보자. 좋은 사고방식과 열정을 가지고 일을 하면 능력은 커지고 당연히 성공한다.

사고가 바뀌면 행동이 바뀌고, 행동이 바뀌면 습관이 바뀌고, 습관이 바뀌면 성격이 바뀌고, 성격이 바뀌면 인생이 바뀐다는 말도 있듯이, "나도 할 수 있다."는 희망과 긍정적인 마음으로 최선을 다해 열심히 하다 보면 반드시 큰 보람을 얻을 것이며, 능력 있는 전문여성으로 성공할 것이다.(전북 총국 전주송천지국 정성려 코디)

※ 웅진코웨이 성공사례수기 2009년 최우수상 수상작임. 내용을 수필형식으로 수정하였음.

부모의 마음 자식의 마음

　지난여름 집을 새롭게 단장하고 몇 가지 가구를 새것으로 바꾸려고 가구점에 들렀다. 남편과 함께 식탁이며 책상의 디자인을 견주고 있는데 그때 시집간 둘째 딸의 전화가 왔다.
　"엄마, 뭐해요?"
　"아빠랑 새 가구를 구경하고 있다."고 대답하고 안부 몇 마디를 묻고 전화를 끊었다. 조금 뒤 호주머니 속에 들어 있는 핸드폰의 진동이 느껴졌다. 방금 통화한 둘째 딸의 이름으로 50만 원이 내 통장에 입금된 내용의 문자였다. 이어서 둘째 딸의 문자가 또 도착했다.
　"엄마, 집수리하느라 수고 많으시지요? 집을 고치고 새 가구 들여놓으려면 돈이 많이 들 텐데 적은 돈이지만 보태 쓰세요."

출가한 지 1년도 안 되는 둘째 딸이 친정 집수리를 했다니까 무척 좋았나 보다. 직장생활은 한다지만 아직은 신혼이라 딸의 형편에 50만 원은 적은 돈이 아닐 텐데 망설임 없이 보내 주었다. 너무 고맙기도 하고 흔하지 않은 일이라 눈물이 핑 돌았다.

"딸아, 고맙다. 딸아, 고맙다."

마음속으로 수없이 되뇌었다.

어쩌면 딸에게 받은 50만 원은 50억 원짜리 복권처럼 좋았다. 이보다 더 큰 행복은 없을 거다. 방방 떠서 가구점을 돌아다니다가 문득 15년 전 아버지께서 입원하셨을 때 치료비로 드렸던 50만 원이 상기되었다.

그때 아버지는 당뇨로 오랜 동안 병원에 다니며 약을 복용하고 계셨다. 농촌 일에 파묻혀 살다 보니 이미 당뇨가 심해진 후에야 알게 되었다. 아니 아버지께서 몸이 이상하다는 것을 느꼈으면서도 바쁘게 일하느라 설마하고 망설이다가 결국은 살이 빠져 야위고 입이 마르며 증세가 심해진 뒤에야 병원을 찾았을 것이다. 수년 동안 병원에 다니면서도 당뇨 약만을 처방받아 드시고 위에서 암이 크고 있는 줄은 전혀 모르고 계셨다. 그러는 사이에 식사량이 줄고 소화를 시키지 못하여 체하는 것 같은 증상이 자주 있었다고 한다. 그러던 어느 날 의사에게 그 이야기를 했더니 그때서야 검사를 했는데 결과는 위암 말기라는 판정을 받았다. 나는 그때를 영원히 잊지 못한다. 하늘이 무너지는 것 같았다.

이제 아버지가 돌아가시는구나 하는 생각이 들 때마다 자꾸 눈물이 나고 남몰래 많이 울었다. 난생처음으로 가장 많이 울었던 것 같다.

서둘러 수술하게 되었다. 수술 날짜는 정해졌는데 당뇨 수치가 너무 높아 조절하기까지는 의료진도 애를 먹었다. 인슐린 주사를 연이어 꽂고 간신히 수술을 하게 되었는데 당뇨 때문에 다른 사람에 비해 회복이 늦어졌다. 어머니께서는 줄곧 아버지 옆에서 간호하고 나는 아버지께서 드실 부드러운 죽을 쑤고 어머니의 식사를 챙겨서 매일매일 병원을 오갔다. 내가 할 수 있는 일은 그것뿐이었지만 조금씩 좋아지는 아버지를 볼 때 너무 좋았다. 가족들의 정성으로 시간이 지나면서 아버지께서 많이 회복되셨고 드디어 퇴원할 날짜가 나왔다. 바로 그때의 일이다. 남편은 장인의 병원비를 조금 드려야 하지 않겠느냐며 선뜻 100만 원을 내게 건네주었다. 우리 살림에 100만 원이라면 큰돈이었다. 나도 많이 드리고 싶었지만 살림살이라는 것이 어디 마음대로 되던가? 이리저리 앞뒤로 계산을 하며 50만 원과 100만 원을 놓고 많이 망설이다가 남편에게 제의했다. 50만 원만 드리면 어떻겠느냐고. 나는 정말 못난 딸이다. 자식에게는 아낌없이 무엇이든 퍼주면서 아버지의 병원비 100만 원을 놓고 이렇게 망설였으니 말이다. 결국 50만 원을 봉투에 넣어 병원으로 갔다. 마음은 너무 아팠다.
 "많이 드리지 못해서 죄송해요."
하며 누워 계신 아버지께 봉투를 내밀었다. 아버지는 고맙게 받으시며
 "하루도 빠짐없이 도시락 싸가지고 병원에 오느라 애도 썼는데……." 하시며 말을 잇지 못하셨다.
 이윽고 퇴원하는 날이 되었다. 병원에 한 달 넘게 있다 보니 짐이 적지 않았다. 어머니는 아버지께 죽을 쑤어다 드렸던 우리 냄비며 찬그릇들을 보자기에 따로 싸서 내게 주었다. 아버지를 친정에 모셔다 드린 후 빈 그릇 보따리를 가지고 집으로 돌아왔다. 깨끗이 씻어 두려고 보자기를 풀고 냄비를 열었다. 그 속에 내가 아버지께 드렸던 봉투가 그대로 들어있는 것이 아닌가? 순간 눈물이 왈칵 쏟아졌다. 나는 모자라게 드렸건만 부모님의 마음이 냄비 속에 가득 들어있었다. 많은 망설임 끝에 50만 원을 드렸는데 부모님께서는 마음만 받으시고 돈은 그대로 돌려주셨다. 망설였던 내 마음을 부모님은 알고 계셨을까? 내 마음을 들켜버린 것 같아 부끄러운 나머지 고개를 들 수가 없었다. 친정으로 전화를 했다. 먼 곳에서 들려오는 어머니의 목소리는 그날따라 옆에 있는 것처럼 더 가깝게 들렸다.
 "엄마! 냄비 속에 이게 뭐야?"

난 더 말을 잇지 못하고 목이 메었다.

"너도 새끼들이랑 사느라고 힘들 텐데 정말 고맙다. 아직은 돈 걱정 마라. 아빠 치료 잘 받고 나을 수 있었으니 정말 다행이구나." 라고 말씀하셨다.

이쯤에서 나 자신을 돌아보지 않을 수 없다. 나는 둘째 딸이 준 돈을 돌려주지 않았다. 둘째 딸은 나처럼 망설이지는 않았을 것이다. 나도 언젠가는 우리 부모님처럼 이유를 만들어 둘째 딸에게 돌려줄 것이다. 지금도 나는 가끔 어머니께 용돈을 드릴 때는 높낮이를 놓고 망설일 때가 있다. 효심(孝心)이 부족해서일까, 아니면 욕심이 많은 못난 딸이라서 그럴까?

※ 2011년 5월 수필 등단작.

장 담그는 날

 오늘은 햇볕이 좋아서 장 담그기에는 안성맞춤인 날씨다. 언제쯤이 좋을까? 달력을 보면서 벼르다가 받은 날인데 날씨가 무척이나 화창하다. 끙끙거리며 옥상으로 올라가는 계단을 몇 번을 오르락내리락 했는지 모른다. 장을 담그려고 준비해 놓은 재료들을 옮기기 위해서다. 그 집 음식 맛은 장맛에서 난다고 한다. 며칠 전부터 깨끗이 씻어서 말려 놓은 메주며 소금과 물을 옮기는 것도 무척 힘이 들었다.
 예전에는 집집마다 장독대가 집안 양지바른 쪽에 있었다. 반짝반짝 빛나는 옹기그릇들을 보면 그 집 아낙의 정갈함을 알 수 있지 않았을까? 지금은 집들이 편리한 현대식 건물로 변해서 장독대가 거의 옥상으로 올라가 있다. 장독대가 눈에 띄지 않으니 장독대를 보고 정갈함을 판단하기는 그렇다. 우리 집 장독대도 옥상에 올라가 있다.

　우리 조상들의 지혜는 참으로 훌륭하다. 아직까지는 전통 음식이 많은 사람들의 사랑을 받고 있다. 특히 장류는 축제까지 하면서 널리 홍보하고 또 전통을 유지하려 노력하고 있다. 콩으로 메주를 쑤어 간장과 된장을 만드는 건 간단한 것 같으면서도 쉽지만은 않은 일이다. 깊이 알수록 신기하고 깊은 맛과 건강에 좋은 음식임을 알게 된다. 지금처럼 과학이 발달한 것도 아니고 그 옛날 지혜로 생각해내고 만들어낸 음식이 장류다. 현대에 살면서 메주를 쑤어 띄우는 과정을 보면 조상들의 지혜로움에 감탄하지 않을 수 없다.

　콩으로 메주를 쑤어 볏짚을 깔고 그 위에 올려놓은 다음 2~3일 정도 실온에서 이리저리 골고루 뒤적이며 겉이 어느 정도 마르면 볏짚으로 새끼를 꼬아 메주를 매달아 놓는다. 이때 쓰는 볏짚은 묵은 이파리를 털어내어 깨끗하고 볏짚 마디가 노출되도록 한다. 볏짚 마디에 발효 미생물들이 다량으로 존재하기 때문이다. 메주를 볏짚에 매달아 말리는 이유도 있다. 볏짚에 미생물이 많을수록 메주의 발효를 돕고 발효 중에 생기는 암모니아의 불쾌한 냄새도 없애준다고 한다. 그 옛날에 이런 지혜를 어떻게 알았을까?

　메주를 말릴 때 높이 매달아 놓는 이유는 공기가 잘 통하게 하고 바닥에서 올라오는 습기를 차단할 뿐만 아니라 깨끗하고 더운 공기가 위로 올라와 곰팡이의 번식을 도와주어 발효가 잘되도록 해주기 때문이다. 볏짚에 있는 균은 메주에서 생기는 균에 의해 독특한 우리 된장 맛이나 향기, 항암 물질이 생긴다고 한다.

 메주에 생기는 곰팡이가 검은색이면 속이 썩은 것이고 초록색이면 좋지 않다. 노란 곰팡이나 하얀 곰팡이가 잘 뜬 메주다.

 우리는 흔히 곰팡이라고 하면 발효보다는 먼저 부패를 생각한다. 그런데 그런 푸른곰팡이에서 항생제인 페니실린을 만들어 제2차 세계대전 때 부상병의 목숨을 건졌고 영국의 처칠 수상의 폐렴을 치료했다고 하지 않던가? 곰팡이에서 추출한 페니실린과 같은 항생제는 어떤 항생제보다 뛰어난 약효를 나타낸다고 한다. 따라서 우리 생활에서 곰팡이는 페니실린과 같은 약품제조와 술, 김치, 간장, 된장 같은 음식에도 도움을 주는 소중한 생물이다.

 제대로 띄운 메주에서는 누런빛이 나는 곰팡이가 핀다. 노란 곰팡이가 핀 것이 제일 좋다. 볏짚으로 묶어 매달아 놓은 뒤 40일쯤 지나면 매달아 놓았던 메주를 내려 따뜻한 곳에 쌓아 놓는다. 그 상태에서 15일 정도 띄우면 하얗게 곰팡이가 핀다. 온도가 너무 높지 않게 2~3일 환기시키고 자리도 바꿔가며 띄운다. 다 띄워지면 방에서 한 달가량 건조시키고 곰팡이를 털어낸 뒤 매달아서 숙성시키면 메주가 완성된다.

해마다 연중행사로 봄이 되면 정성들여 하는 일이 간장 담그기다. 장을 담글 때마다 맛이 어떨지 신경이 쓰인다. 며칠 전, 장을 담글 큰 항아리를 뜨겁게 끓인 물로 씻어낸 뒤 숯을 빨갛게 피워 항아리 바닥에 놓아 냄새를 없애고 소독하여 햇볕에 말려 놓았다. 항아리가 좋지 않으면 장에 곰팡이가 필 수도 있기 때문에 장을 담그는 항아리는 해마다 장만을 담당한다.

그 항아리는 시어머님이 살림하실 때부터 쓰시던 항아리다. 한 번쯤 다른 항아리에 담가볼까 망설이다가도 1년 동안 우리 집 음식의 맛을 내주는 큰 몫을 하고 있기에 고집스럽게 그 항아리만 쓰고 있다. 장맛을 좌우하는 것 중에서 가장 중요한 것은 물이다. 특히 장 담그는 물은 맑고 순하고 냄새가 없이 깨끗해야 한다. 예로부터 물맛이 좋아야 장맛이 좋다고 했다. 예전에는 물이 오염되지 않아 지하수를 먹었지만 지금은 환경오염 때문에 지하수는 물론 생수나 약수도 믿지 못하지 않는가.

이틀 전부터 큰 통에 정수기의 물을 많이 받아 놓았다. 소금은 간수를 뺀 것을 써야 쓴맛이 없고 맛있는 장이 된다. 잘 띄워서 말린 메주의 먼지를 깨끗이 털어내고 재빨리 씻어 채반에 건져내어 물기를 뺀 다음 햇볕에 바짝 말려 두었다. 이틀 전에 소쿠리에 하얀 천을 깔고 소금을 넣고 받아 놓은 물을 조금씩 부어가며 소금을 자연스럽게 녹여 놓았다. 소금이 깨끗해서 설마 했는데 소금물의 바닥에 침전물이 살짝 가라앉아 있다. 계란도 깨끗이 씻어 풍덩 넣었다. 소금물의 농도를 알아보고자 해서다. 계란이 500원짜리 동전만큼 떠올랐다. 장을 담그기에 딱 맞는 농도다. 장을 담그는 것은 친정어머니 어깨너머로 보기는 했지만 대부분 결혼해서 시어머님이 가르쳐 준 것들이다.

  준비해 놓은 모든 재료로 장을 담그는 날이다. 시어머님이 장을 담그는 날은 손 없는 날이나 십이지 동물 중에서 말날에 담아야 좋다고 하셨다. 그래서 말날을 장 담그는 날로 받아 놓았다. 말날에 담그면 장맛이 달고 맛있다고 했으며 뱀날에 담그면 장에서 흙냄새가 난다고 특히 주의를 주셨던 시어머님 말씀이 떠오른다. 정성들여 메주를 항아리에 잘 넣고 소금물을 부었다. 소금물에 가라앉은 침전물이 따라오지 않게 조심해서 부었다. 메주가 둥둥 떠올랐다. 둥둥 떠오른 메주 위에 소금을 한 움큼씩 올려놓고 대추와 고추, 참숯을 메주 사이에 넣었다. 장을 담글 때 대추, 고추, 참숯을 넣는 이유도 있다. 대추는 맛을 좋게 하고, 고추는 매운 맛으로 소독 작용을 하고 맛을 내게 한다. 참숯은 냄새와 곰팡이와 균 등을 흡수하는 작용을 한다. 재료 모두 둥둥 떠 있다. 맑은 날 뚜껑을 열어 햇볕에 숙성시키면서 한 달 뒤 메주를 건져 분리해 놓으면 맛있는 장과 된장이 된다.

장 담그는 것을 요즘 젊은 세대들이 얼마나 알고 있을까? 핵가족화 되면서 전통음식을 배우려 하지도 않지만 알려고 하지도 않는다. 언젠가는 개량 음식에 밀려 우리의 전통음식이 사라질지도 몰라 걱정이다.

하늘에 계신 시어머님께

 따스한 봄날, 어머니는 굽은 허리를 쭈그리고 앉아 장롱 속의 봄옷을 정리하셨지요. 치마를 꺼내 해어진 치맛단을 한 땀 한 땀 바느질하시던 모습이 생각납니다. 치마를 자주 추켜 입으셨지만 굽은 허리 때문에 유난히 어머님의 치마 앞단은 자주 해어졌지요. 새 치마를 사다 드리며 헌 치마를 버리자고 하면 '아깝다'며 버리지 못하고 내가 없는 사이 따뜻한 햇볕이 내리쬐는날, 토방에 앉아서 치맛단을 꿰매시곤 하셨지요.
 어머님! 하늘나라에서도 잘 계시지요? 어머님이 우리 곁을 떠나신 지가 엊그제 같은데 벌써 3년이란 세월이 흘렀어요. 살아계실 때 같으면 하루도 우리 집을 떠나 다른 자식 집에도 가시지 않던 어머님이, 어찌 우리 집을 떠나 하늘나라에서 그렇게 오래 계실 수 있는지 무척 궁금합니다. 그리고 한번 가면 다시는 오지 못하는 하늘나라에서 그토록 애지중지 키운 사랑하는 아들과 손녀들을 보고 싶어하실 것 같아 눈물이 핑 도네요.

무사히 백 년쯤은 사실 것 같았고, 어머님도 '백 년은 살아야지.' 하시던 말씀이 지금도 귀에 쟁쟁합니다. 4년만 더 사셨으면 100살이시니, 서운한 나이는 아니지만 많은 세월, 어머님과 같이 살았기에 어머님의 빈자리가 너무 크고 집이 텅 빈 것만 같네요.

어머님! 어머님 말씀대로 백 년을 살 수 있으셨다면 얼마나 좋았을까요? 어머님은 넷이나 되는 손녀 중에서 셋째 딸 가애를 유난히 예뻐하셨지요. 딸들의 마음이 다칠까 봐, '어머님, 애들에게 너무 편애하지 마세요.' 라는 싫은 소리를 들으면서도, 알게 모르게 셋째 가애만을 더 예뻐하고 과자나 좋은 것이 있으면 몰래 숨겨 놓았다가 주곤 하셨잖아요.

어머님의 사랑을 듬뿍 받고 자란 가애가 올해에 초등학교 선생님이 되었어요. 그리고 둘째 딸 지은이는 결혼하여 잘 살고 있지요. 지금 어머님이 살아계신다면 무척이나 좋아하실 텐데……. 생각하니 가슴이 메어집니다.

어머님! 하늘나라에서 늘 내려다보며 저희의 앞길을 환히 밝혀 지켜주고 계시지요? 저는 알아요. 어머님의 마음을. 지금

저희는 어머님의 덕을 많이 보고 있어요. 생전에 어머님은 늘 착하고 바르게 살라고 하셨기에 지금 저희가 어머님의 뜻을 받들어 바르게 잘 살고 있어요. 무엇 하나 쉽게 버리지 못하는 게 어머님의 성품이었지요, 치매란 몹쓸 병이 어머님에게 찾아왔을 때도 몹쓸 것을 버리는 것마저도 아까워하셨어요. 휴지통을 뒤적이며 쓰고 버린 화장지를 차곡차곡 개어서 쌓아 놓곤 하셨어요. 이러시면 안 된다고, 그러지 마시라고, 더러운 거라고, 말려도 보고 어린애기처럼 달래도 보았지만 소용없이 반복하시는 바람에 힘들었지요.

아무리 말씀을 드려도 제 말이 무슨 뜻인지, 어머님이 어떤 행동을 하신지도 모르는 어머님께 그땐 무척이나 힘들어 몰래 혼자 엉엉 울기도 했어요. 생각할수록 부끄럽기만 하네요. 어머님이 몸을 가누지 못하고 누워 계실 때 기저귀를 입혀 드리면 답답했던지 기저귀를 빼내어 대소변이 있는 줄도 모르고 낱낱이 찢어 방안에 가득 늘어놓았을 때도 힘들어 울다가 셋째 딸한테 들켜 같이 울었던 적도 있었지요. 조금 힘들다고 참지 못하고 엄마의 힘든 모습을 딸자식한테 들켜 무척 부끄러웠어요.

어머님! 이처럼 저는 못된 며느리였어요. 그런데 어머님은 무척이나 저를 생각하고 예뻐하셨지요. 아무것도 몰랐던 새댁 때부터 어머님은 마을에 나가면 저의 단점은 감춰 두고 자랑만을 하고 다니셨어요. 그러셨기에 마을 사람들이 저를 예뻐해 주셨지요. 모두가 하늘같이 높고 하해같이 깊고 넓은 어머님의 마음이 있었기 때문이란 걸 잘 알고 있어요.

어머님! 저희가 어머님께 많은 잘못을 했어요. 이제라도 두 손 모아 용서를 빌겠습니다. 어머님, 용서해 주세요. 그때는 잘못인지 몰랐는데 어머님이 돌아가신 뒤에야 잘못이라는 것을 알았어요. 어머님의 치매가 너무 심해졌을 때였어요. 어머님이 들으실까 봐 어머님의 방문을 굳게 닫고 거실에서 어머님을 요양원에 모시는 문제를 의논했어요. 어머님은 모르셨지요? 자식 욕심이 많으셔서 자식들이 보고 싶어 그런 곳에 가셔서는 하루도 못 견디실 어머님이신지 뻔히 알면서도 말입니다. 아무리 생각해도 제 마음이 허락하지 않아 '내가 모시리라.' 마음을 정하고 요양원으로 모시는 일은 포기했어요. 어머님이 돌아가신 뒤, 요양원으로 모시지 않고 집에서 수발을 한 것이 참 잘했다는 생각이 들었어요. 하마터면 어머님 몰래 큰일을 저지를 뻔했지 뭐예요. 어머님을 뵐 수만 있다면 무릎을 꿇고 몇 번이고 빌고 싶어요.

어머님! 어머님께 더 큰 죄가 있어요. 하늘나라로 가실 때, 마지막까지 지켜드리지 못하고 어머님을 외롭게 혼자 보내드려 너무 죄송해요. 몇날 며칠을 물만 드시다가 차츰차츰 물의 양도 줄고 급기야 한 수저의 물도 넘기지 못하셨지요. 그때 많이 힘드셨지요? 어머님 곁에서 그 모습을 지켜보면서 얼마나 눈물을 쏟았는지 몰라요. 저는 그동안의 잘못을 어머님께 많이 사죄했어요. 어머님은 그때 들으셨지요?

  새벽 2시가 넘도록 어머님 곁에서 팔다리를 주물러 드리고 물에 젖은 베갯잇을 갈아드리며 지켜드렸건만, 어머님 곁에서 깜빡 졸다 보니 어머님은 훌쩍 눈을 감으셨어요.

  어머님! 자식들 보는 앞에서 돌아가실 수 없으셔서 잠깐 눈을 붙인 사이에 그렇게 가셨나요? 저희는 자식의 도리를 다해 임종을 지켜드리지 못해 지금까지 가슴이 저려옵니다.

  어머님! 그 많았던 정을 어찌하고 가셨나요? 어머님이 돌아가시던 그날, 밤새 어머님 마음같이 하얀 눈이 내렸지요. 어머님은 하늘나라 좋은 곳에서 편히 잘 계시리라 믿습니다.

  어머님! 생전에 어머님께 사랑한다는 말을 한 번도 못했는데 그것은 마음을 표현 못하는 저의 좁은 소견 때문입니다. 항상 마음에 걸렸는데 지금이라도 사랑한다는 말을 해 보고 싶어요. 어머님! 듣고 계시지요?

  어머님! 사랑해요. 하늘나라에서도 꼭 건강하고 행복하세요! 막내며느리 올림.

각설이

각설이 • 강한 어머니 •
개나리와 병아리 • 고양이의 모성애 •
고장 난 벽시계 • 그리운 시어머님 •
나는 5월이 좋다 • 날마다 새로워지는 세상 •
내 인생의 중간 결산 • 농촌의 불청객 •
다듬이 소리가 그리워 •

각설이

"어얼씨구 들어간다. 저얼씨구 들어간다. 작년에 왔던 각설이가 죽지도 않고 또 왔네."

장구와 북을 치고 흥겨운 노래를 부르며 어깨춤을 덩실덩실 추는 각설이다. 어느 고장의 축제에 가든 빠지지 않고 구경꾼들의 시선을 제일 많이 모으는 곳이 각설이의 공연장이다.

사람들이 살아가는 방법은 여러 가지다. 북적대는 시골 5일장을 보면 알 수 있다. 특히 고장마다 특색을 내세우며 축제를 여는 곳에 가보면 쉽게 알 수 있다. 그 중에서 몇 가지 풍물과 음악으로 재주를 부리며 사람들의 눈길을 가장 사로잡는 것이 각설이 판이기도 하다.

　어머니를 모시고 송광사 벚꽃을 구경하러 갔다. 올해는 구제역 때문에 벚꽃축제를 하지 않는다는 소식을 들었지만 그래도 벚꽃구경 핑계로 어머니를 조금이라도 쉬게 하고 싶어서였다. 이번에는 축제를 하지 않으니 각설이가 오지 않을 거라는 생각을 하며 아쉬운 마음을 안고 바람이나 쐴 겸 어머니를 모시고 그곳에 도착해 보니 예전의 축제 때나 똑같은 분위기였다.

　전국 방방곡곡의 축제장만을 찾아다닌다는 각설이들의 흥겨운 노래와 몸놀림을 어머니는 재미있게 보며 좋아하셨다. 몇 해 전만 해도 옆 마을에서 해마다 벚꽃축제를 했건만 어머니는 일에 파묻혀 한 번도 구경을 가신 적이 없다. 나 역시 어릴 적부터 그곳을 보고 컸기에 보통으로 여겨져서 벚꽃축제에는 별로 관심이 없었다. 어머니께서는 일을 하려는 욕심과 거동을 못 하시는 할아버지에게 미안했던지 조금만 시간을 내어 구경을 가자고 하면 싫다며 뿌리치기 일쑤였다. 할아버지가 돌아가신 뒤 여러 해가 지나서야 어린아이 달래듯 어머니를 간신히 설득하여 상춘객들 속에서 함께 어울릴 수 있는 기회를 만들게 되었다. 그날도 벚꽃이 만개한 휴일이라서 상춘객을 실은 자동차들로 도로는 임시주차장이 된 채 빠져나갈 줄 모르고 길게 늘어서 있었다.

　벚꽃 길은 길게 늘어선 먹을거리 장수들과 장난감을 파는 사람들, 옷을 파는 사람들, 생활용품을 파는 사람들 그리고 갖가지 싸구려 물건을 파는 장수들과 뻥튀기 장수들이 꽉 메우고 있었다. 오락게임기를 놓고 상춘객들의 호주머니에 든 돈을 빼내려는 장수들까지 갓길 도로를 점령하고 있었다. 장사꾼들은 손님을 끌어들이려는 손짓과 여러 가지 행동을 하며 구경꾼들의 시선을 불러모으려고 야단들이었다.

그날도 우리의 눈길을 끌었던 곳은 각설이공연장이었다. 어머니께서 각설이공연을 좋아한다는 것은 작년 봄에 알았다. 그때도 간신히 설득해서 어머니와 둘이서 벚꽃구경을 나왔다. 어머니는 칠순을 넘기면서부터 허리는 구부정해지고 다리가 아파서 많이 걷지를 못하신다. 그래서 먹을거리 코너에서 요기를 하고 잠시 구경하고 올 생각이었다. 그런데 의외로 어머니는 각설이가 공연하는 곳에서 발걸음을 멈춘 채 일어날 생각을 하지 않았다. 나도 어머니 옆에서 한동안 넋을 잃고 각설이의 구성진 노래와 춤에 푹 빠져 있었다. 땀을 뻘뻘 흘리며 공연하는 각설이는 마술에 걸린 듯했다. 신바람 나게 한바탕 놀고 난 뒤 구경꾼들이 많이 모여들 때쯤 공연을 멈추더니 본격적인 장사가 시작되었다. 엿을 팔기 시작했다. 공짜 공연을 보았기에 그냥 갈 수 없어 망설이고 있었다. 아니, 엿을 사는 사람이 없기에 그냥 갈 수가 없었다. 어머니는 이가 좋지 않아 단 음식과 단단한 것은 피하신다. 나도 당뇨 때문에 단 음식을 멀리하지만 어쩔 수 없이 사야 했다.

"한 봉지에 2천 원, 두 봉지에 4천 원, 세 봉지에 5천 원!"

각설이는 외치고 다녔다. 이리저리 뛰어다니며 한 봉지라도 더 팔려고 정신없이 소리쳤지만 구경꾼들은 모른 척 고개를 돌리고 자리를 떴다. 엿을 들고 있는 각설이의 손이 부끄러울 것 같아 세 개를 샀다. 구경꾼들 중에서 세 명 정도가 엿을 샀다. 각설이 둘이서 한 시간을 넘게 많은 사람들을 웃기고 즐겁게 해준 대가로는 너무 적었다. 어머니하고 둘이서 5천 원을 내고 각설이공연을 본 셈이다. 재미있어 하시는 어머니의 표정에서 흐뭇함을 느꼈다. 어머니의 기분을 좋게 해 준 5천 원어치 엿이 5만 원 아니 그보다 더 많은 가치를 한 것 같다.

얼굴에는 하얗게 분칠을 하고 그 위에 입술과 볼을 빨간색으로 요란하게 분장했다. 각설이의 모습은 보기만 해도 웃음이 난다. 일부러 찢어 꿰매 신은 각설이가 말하는 조선나이키 하얀 고무신과 더덕더덕 기워 신고 입은 양말에서 저고리, 찌그러진 깡통과 이상야릇한 표정들, 재치있는 말솜씨로 사람들을 즐겁게 해준 각설이였다. 잠시지만 각설이 때문에 나도 무척 즐거웠다. 그렇지만 거지분장을 하고 구경꾼을 웃겨야 하는 각설이가 생각할수록 안타깝기만 했다. TV에서 어느 개그맨이 했던 말이 생각났다.

"남들을 웃겨야 하는 직업이 무척 힘이 든다. 울어야 할 일이 있어도 방청객 앞에서는 웃어야 하는 직업이다."

비록 거지꼴을 하고서 많은 돈을 번다고 허풍 아닌 허풍을 떨었지만 그날은 엿을 사는 사람이 없어 무대 뒤에서는 분명 울었을 것 같다. 그곳을 빠져나오는 내 마음이 씁쓸하기만 했다. 돌아오는 길은 어둑어둑해지기 시작했다. 실망스런 표정의 각설이 모습이 자꾸 떠올랐다. 내년 벚꽃축제 때는 더 많은 구경꾼들이 모여 각설이의 찌그러진 깡통을 가득 채워 덩실덩실 춤을 추며 웃는 각설이의 모습을 기대해 본다.

강한 어머니

"어머니의 왼팔 골절로 깁스를 했어요. 참고하세요."
 큰동생으로부터 문자 메시지가 왔다. 가족들에게 어머니께서 다치셨다고 알리는 문자였다. 깜짝 놀랐다. 요즘 눈이 많이 내린데다가 춥기조차 하여 혼자 계신 어머니가 걱정이 되었었는데 결국 일이 벌어지고 말았다. 휴일이라 남편과 함께 달려갔다. 다른 때와 달리 마음이 급해 자동차의 가속기를 밟은 발에 힘이 들어갔던지 차창에 비치는 그림자가 흐리게 보였다.
 설 명절이 며칠 남지 않았기에 아들과 딸들이 오면 맛있게 떡국을 해주려고 방앗간에서 가래떡을 뽑으러 다녀오시다가 넘어져 왼쪽 손목에 골절이 생겼단다. 우리가 도착했을 때는 손목에 깁스를 한 상태였다.

뼈가 부러졌으니 얼마나 아팠을까? 어머니께서는 아프지 않다고 하셨다. 이상했다. 아프지 않다니 우리가 걱정하고 애를 태울까 봐서 아프지 않다고 하시는 걸까? 정말 어머니는 아프지 않은 모양이다. 고통스런 표정이 보이지 않았다.

때마침 큰동생이 어머니 집에 다니러 왔다가 병원에 모시고 왔다고 했다. 병원에 가면서도 아프지 않아 뼈는 부러지지 않았을 거라고 생각하셨다고 했다. 병원에서 X-레이를 찍고 뼈가 골절됐다는 걸 확인한 뒤 부러진 팔을 간호사와 의사가 양쪽에서 잡고 손목을 반듯하게 맞추느라 이리저리 움직여도 아프지 않다고 하니

"할머니, 잘 참으시네요. 정말 강하신 할머니네요."
하고 의사가 말장난을 했다고 한다. 아파도 참으셨겠지. 우리 어머니는 정말 강한 분이시다. 그리고 장한 어머니다.

40년 전의 일이다. 우리가 어렸을 적에는 여자아이들은 숨바꼭질이나 고무줄놀이와 땅따먹기를 즐겼고 남자아이들은 제기차기와 구슬치기 놀이를 하고 놀았다. 그리고 아이들이 많이 모일 때면 두 편으로 나누어 가을걷이를 끝낸 밭이나 논에서 야구를 하고 놀았다. 남동생이 초등학교 3학년 때 일이다. 친구들과 야구를 하며 놀다가 넘어져 왼쪽 다리가 골절되는 사고가 생겼다. 어머니는 깁스를 한 동생을 업고 3개월이 넘

게 하루를 빠지지 않고 등하교를 시켰다.

우리 집에서 학교까지는 걸어서 1시간 정도 거리였다. 어머니께서는 힘이 들었던지 조금 가다가 쉬고 또 쉬고 몇 번씩이나 쉬면서 가셨다. 나는 내 책가방과 동생 책가방까지 메고 들고 뒤를 따랐다. 그때는 어머니가 힘들겠다는 생각보다 어머니와 함께 학교에 간다는 것이 너무 좋기만 했다. 우리 남매는 결석하면 큰일이 나는 줄 알았고 지각 역시 한 번도 해본 기억이 없다. 동생은 공부도 아주 잘했다. 지금은 그 동생이 고등학교 교사다.

동생이 초등학교 졸업 때였다. 교장 선생님께서 이런 사실을 알고 그동안 학교에 없었던 '장한 어머니 상'을 만들어 주셨다. 동생은 1등으로 졸업했고 6년 개근상을 받았다. 그때 조촐한 시골학교 졸업식장에서 상을 받으시던 어머니의 모습이 눈에 선하다. 그때 어머니의 모습은 어린 내 눈에 졸업식장이 꽉 차게 커보였다.

벌써 어머니의 연세가 74세인데도 우리보다 암산을 잘하신다. 그렇다고 공부를 많이 하신 것도 아니다. 어머니는 기억력이나 숫자 계산은 우리보다도 빠르다. 우리는 어머니께 걸어 다니는 컴퓨터라고 별명을 붙여주었다.

어머니께서 계산이 빠른 것은 그럴만한 이유가 있다. 논과 밭에서 생산된 곡식과 채소 등 여러 가지 농산물을 시장에 내다 팔았다. 농한기도 없이 겨울에는 대형 비닐하우스에서 계절을 잃은 특수 작물이 나오곤 했다. 농촌의 생활수단은 논과 밭에 농작물을 잘 가꾸어 시장에 내다 파는 방법뿐이었다. 남다른 농사기술로 부지런하게 일하신 부모님 덕택에 우리 집은 촌부자 소리를 듣고 살았다.

어머니께서는 걸어 다니면서도 졸린다고 하셨다. 새벽에 일찍 일어나고 밤늦게까지 내다 팔 채소와 농작물을 손질하고 잠시 한숨 붙인 후 새벽 세 시면 아버지와 함께 경운기에 싣고 전동 도깨비시장으로 나가곤 하셨다. 어둠이 짙은 시장에는 중간상인들이 기다리고 있었는데 이들에게 넘기고 동이 틀 무렵이면 집에 오셨다. 이때 중간상인들과 채소 값 계산을 수없이 하다 보니 암산을 빠르게 잘할 수 있게 되었다. 어머니께서는 시장에 다니는 마을 아주머니의 계산까지 해주다시피 했다고 한다. 지금은 논밭에 여러 가지 나무를 심어서 조경하는 사람들과 거래한다. 그럴 때마다 어머니는 계산기가 필요 없다. 아무리 많은 나무도 척척 계산을 해낸다.

친정에 전화를 하면 받지 않을 때가 많다. 이른 봄부터 늦가을까지는 늘 논밭에 나가 일을 하시기 때문이다. 어둠이 내려 일을 할 수 없게 되어서야 집으로 돌아오실 정도다. 이제는 연로하니 농사일을 그만 접고 편히 쉬시라고 해도 막무가내다. 일이 몸에 배어 어쩔 수 없나 보다.

요즘은 다행히 농한기라고는 하지만 어머니께서 왼팔을 다치셨으니 생활하기 불편한 것이 사실이다. 어머니는 습관이 들어서 괜찮다며 자식들을 안심시킨다. 늘 바쁘다는 핑계로 자식들 집에 가시지도 않는다. 마침 깁스도 하여 이참에 어머니를 우리 집으로 모셔 오려고 했다. 나을 때까지 편히 쉬고 좋아하는 음식도 해드리고 효도를 할 때가 왔구나 싶었는데 어머니는 끝까지 거절하셨다. 몇 번을 사정했건만 끝내 손을 저으셨다. 다른 부모들처럼 자식들 집을 두루 돌아다니면서 쉬고 가시면 얼마나 좋을까?

※ 도깨비시장 : 전주 전동 남부시장에서 새벽 세 시부터
　　　　　　　날 새기 전까지 서는 시장.

개나리와 병아리

"어머나!"

깜짝 놀랐다. 실수를 했다.

일요일 오후 친정어머니께서 고추장을 담근다고 하시기에 도와 드리려고 친정에 갔다. 남동생도 있었다. 동생은 사춘기 남학생들을 가르치는 교사다. 힘들고 피곤하기도 할 텐데 휴일이면 빠지지 않고 찾아와 어머니를 위해서 논밭에서 힘든 일을 도와주고 간다. 쉬고 싶고, 볼일도 있을 테고, 취미생활도 하고 싶으련만 혼자 계신 어머니를 위해 지극 정성이다.

남동생이 아무데서나 구할 수 없다는 유정란을 아는 분에게서 구했다고 어머니도 드리고 내 차에도 한 판을 넣어 주었다. 집에 와서 마당에 주차하고 꺼내다가 그만 자동차 문에 걸려 마당에 떨어뜨려 여덟 개가 깨졌다. 그래도 이만하기 다행이다. 오늘의 실수로 계란에 관련된 어릴 적 추억이 떠올라 잠시 동심으로 돌아가 보았다.

요즘은 어디를 가나 노랗게 핀 개나리꽃을 볼 수가 있다. 담장 너머에도 길가 울타리에도 예쁘게 피어 있다. 가끔 떼 지어 핀 개나리꽃을 만나기라도 하면 그 아름다운 자태에 반해 한동안 멈춰 서곤 한다. 봄엔 어디를 가나 꽃 잔치로 눈도 마음도 즐겁다. 개나리꽃은 봄을 가장 먼저 알려주는 전령이다.

봄의 색깔을 표현한다면 노란색과 연두색이 으뜸이지 않을까? 꽃을 떠올리는 사람들은 노란색이라고 할 것이고 새싹을 떠올리는 사람들은 봄의 색깔이 연두색이라 말할 것 같다. 봄에 제일 먼저 피는 꽃은 노란색 꽃이다. 그래서 나는 봄의 색을 생각하면 노란색이 먼저 떠오른다. 개나리는 가장 먼저 봄소식을 전해 주는 꽃이기에 사람들의 사랑을 가장 많이 받는 꽃이기도 하다.

개나리의 꽃말은 희망이다. 사계절 중에서 시작의 계절인 봄과 희망은 조화를 잘 이룬다. 그러기에 개나리는 새로운 희망을 주기 위해 일찍 피는가 보다. 어릴 적 내 고향에도 개나리꽃이 많이 있었다. 담장 너머로 고개를 내밀고 피어 있었고 어떤 집은 개나리로 울타리를 만든 집도 있었다. 개나리를 보면 떠오르는 것은 노란 병아리다. 암탉이 병아리를 데리고 마당 구석구석과 울타리 밑으로 모이를 찾아다니던 모습이 생각난다. 땅을 후비며 앞서가는 어미의 뒤를 "삐악삐악" 소리를 내며 졸졸 따라 다니던 모습은 몇십 년이 지난 지금도 아련히 떠오른다. 알에서 갓 깨어난 노란 병아리는 얼마나 귀엽고 예쁘던가.

예전에는 집집마다 닭을 몇 마리씩 키웠다. 그 중에서 씨암탉과 수탉은 애지중지하며 키워 병아리를 부화시켰다. 집 안에 귀한 손님이 오셨을 때나 할아버지 할머니의 밥상에 자주 올라가는 최고의 반찬은 계란찜이다. 그때 계란찜은 이루 말할 수 없이 맛이 있었다.

나는 계란요리를 무척 좋아한다. 요즘에는 계란찜을 먹으면 어릴 적에 먹었던 그 맛을 느낄 수가 없어 아쉽다. 어머니께서 요리하시던 대로 따라 해보아도 그때 그 맛은 나지 않는다. 어머니가 해주시던 맛과 다른 걸 보면 밥솥에 비밀이 있는 것 같기도 하다. 깨어 놓은 계란에 쌀뜨물을 진하게 내어 붓고 여러 가지 양념을 한 다음 잘 저은 그릇을 밥솥에 넣고 아궁이에 불을 피우면 밥과 함께 계란찜이 만들어졌다. 어머니의 음식 솜씨는 참으로 일품이었다.

봄이 되면 어미닭이 낳은 알을 모아서 병아리를 부화시켰다. 어미 닭은 21일 동안 둥지에 앉아 꼼짝도 하지 않고 알을 품고 있다가 병아리로 부화시켰다. 갓 깨어난 노란 병아리는 너무나 예뻤다. 어미 뒤를 졸졸 따라 다니던 노란 병아리가 자라서 어미닭이 되면 또 알을 낳게 된다. 닭장의 한쪽 구석에 걸려 있는 둥지로 고개를 숙이고 기어 들어가 따끈한 알을 꺼내는 일도 재미가 있었다. "꼬꼬댁!" 하고 닭이 울면 알을 낳았다는 것을 알리는 신호다. 그러면 동생들과 서로 먼저 꺼내려고 다투다가 바닥에 떨어뜨린 적도 있다. 할머니께서는 계란이 많이 모아지면 열 개씩 볏짚으로 엮어 장날 시장에 내다 팔기도 했다.

병아리의 부화 시기가 되면 싱싱한 알을 12개쯤 둥지에 넣어주고 어미닭이 품어 부화시킬 수 있게 해 주었다. 나는 어렸을 적에 무척 개구쟁이였나 보다. 닭장 모퉁이에 걸려 있는 둥지에 알을 품고 있는 닭을 긴 막대기로 건드려 끌어내리려고 애썼던 일도 있다. 아무리 괴롭혀도 어미 닭은 내려오지 않았다. 언젠가는 어미 닭을 괴롭히다가 할아버지께 들켜 긴 담뱃대로 엉덩이를 얻어맞은 적도 있다. 어릴 적의 추억은 생각할수록 새록새록 그립고 정겹다.

고양이의 모성애

"엄마! 빨리 나와 보세요. 얼른요."
　퇴근해서 돌아오는 딸아이가 대문 앞에 차를 세워 놓은 채 큰소리로 부르는 것이다. 깜짝 놀라 뛰어 나갔다. 딸아이가 운전을 시작한 지가 얼마 되지 않아 대문을 들어오다가 대문에 차가 부딪쳐 겁을 먹고 부르는 줄 알았다. 그런데 집 앞에 버려진 새끼고양이를 발견하고 놀란 모양이다. 동물을 좋아하는 딸아이는 새끼고양이를 보고 좋아서 어쩔 줄 몰라했다. 좋아서 부르는 소리였다.
　개와 고양이는 사람들과 제일 친숙한 동물이다. 그들을 나도 무척 좋아한다. 애완견은 지금도 키우고 있다. 결혼하기 전에 친정에서는 가을 추수를 하고 나면 곡식을 집으로 거둬들이기 때문에 쥐들이 많이 모여들었다. 창고나 집 주변에 쌓아둔 곡식을 쥐들에게 빼앗기지 않으려고 고양이를 매달아 키웠다. 고양이도 사람의 눈치를 볼 줄 알고 예뻐하는 사람을 잘 따르고 좋아했다. 가끔 매달려 있는 고양이가 안쓰러워 줄을 풀어 놓으면 내가 예뻐하는 줄 알고 졸졸 따랐다. 집에 고양이가 있으면 쥐가 얼씬거리지 않았다. "야옹!" 하고 고양이가 소리를 내면 쥐는 한 마리도 보이지 않았다. 고양이와 상극인 쥐는 고양이 앞에서는 꼼짝도 못한다고 아버지께서 말씀해 주셨다. 가끔 도둑고양이들을 볼 수가 있다. 그래서 그런지 요즘은 농촌에서도 무서운 쥐를 볼 수가 없다.

　대문 밖 새끼고양이를 들여다보았다. 걸음도 제대로 걷지 못하는 어린 새끼고양이였다. 앞조차 보지 못했다. 처음엔 너무 어려서 아직 눈을 뜨지 않은 걸까 했는데 자세히 보니 아니었다. 눈에 염증이 있어 눈 주변이 진물로 범벅이다. 사람이 내다버렸다는 것을 쉽게 알 수 있었다. 난감했다. 누가 우리 집 앞에 내다버렸을까? 하찮은 동물이지만 다른 곳에 다시 버리자니 불쌍하기도 하고 마음이 허락하지 않아 쩔쩔매고 있었다. 집으로 데려와 키워볼까도 생각했지만 앞을 못 보는 고양이를 키우기란 쉽지 않을 것 같았다.

　"차라리 다리가 부러졌더라면 치료해서 키우면 괜찮을 것을······."

짧은 시간에 여러 가지 생각들이 스쳤다. 짐승도 사람처럼 정들면 버리지 못한다. 그래서 집으로는 아예 들이지 않으려고 했는데 딸아이가 불쌍하다며 데리고 들어오고 말았다.

딸아이는 우유와 물을 먹인다고 애를 태웠다. 그런데 새끼고양이가 어미젖이 아니라서 그런지 우유도 물도 먹지 않았다. 새끼고양이와 실랑이를 벌이는 동안에 해는 서쪽으로 기울고 땅거미가 지기 시작했다. 걱정이 되었다. 어찌해야 옳을까? 딸아이에게 집 안으로는 데리고 오지 말라고 했거늘…….

처마 밑에 수건을 깔아주고 잠자리까지 만들어 주었다. 딸아이의 마음을 이해 못하는 것은 아니지만 눈먼 고양이를 키우기는 쉽지 않을 거라는 생각이 들어서였다. 우유와 물을 주면 먹어야 하는데 전혀 입에 대지 않았다. 아직 어미젖을 떼지 않은 상태인 것 같았다. 행여 죽을까 몇 번이나 들여다보았다. 자다가 잠에서 깨면 나가 보았다. 어미를 잃었으니 어미를 찾는 울음소리를 할 텐데 소리도 내지 않고 꼼짝도 하지 않았다. 죽을 것만 같아 애가 탔다. 그렇게 밤을 보내고 아침이 되었다.

아침에 일어나 얼른 새끼고양이가 있는 곳으로 나가 보았다. 조금도 움직이지 않고 그 자리에 그대로 있었다. 숨은 쉬는 걸 보니 죽지 않고 살아있었다. 깨끗한 물과 우유를 다시 주었는데도 아예 먹을 생각을 하지 않았다. 죽을까 걱정이 되었다. 하지만 어쩔 수 없었다.

"그래 고양이의 운명에 맡기자."
그렇게 마음먹고 출근 준비를 하고 있었다. 그때
"야~~옹!"
하고 대문 밖에서 어미고양이의 소리가 크게 들렸다. 뒤이어 죽을 것처럼 꼼짝도 않고 우유와 물도 먹지 않던 새끼고양이가 어미고양이의 부르는 소리에 대답인 듯 크게
"야옹!"
했다. 앞을 못보고 죽을 것처럼 기진맥진해있던 새끼고양이도 어미를 기다리고 있었나 보다. 이상해서 얼른 뛰어나가 보니 어느새 어미고양이가 새끼고양이를 입으로 물고 날쌔게 대문을 빠져나가는 것이 아닌가. 꼼짝도 못하고 있던 눈먼 새끼고양이가 어미소리를 듣고 반가워 대답을 했고 어미 고양이는 우리 집에 있는 것을 알고 들어와 데려간 것이다.
"세상에 이럴 수가!"
정말 놀라웠다. 어미고양이가 밤새도록 새끼를 찾아 애를 타며 얼마나 헤맸을까? 정상적이지도 않은 눈먼 새끼를 잃고 밤새 찾아 헤맸을 것을 생각하니 가슴이 뭉클했다.
텔레비전에서 부모로서 할 수 없는 일을 저지른 매정한 부모가 있다는 보도를 본 적이 있다. 그럴 때마다 저절로 혀를 찼다. 어떤 엄마는 힘들어서 자식을 버렸다고 한다. 어떤 아빠는 아기가 운다고 내던져 죽게 하고 또 어떤 엄마는 게임에 빠져 아기에게 우유를 주지 않아 영양실조로 죽었다는 뉴스도

보았다. 돌이킬 수 없는 큰 죄를 저지르고서야 잘못을 뉘우치는 모습을 보았다. 부끄러운 짓을 했다는 걸 알기나 하는지 얼굴을 모자 또는 옷으로 가리고 TV에 나오는 것을 보았다. 그런 보도를 볼 때마다 마음이 너무 아팠다.

　세상에는 동물의 모성애보다도 못한 부모가 없지 않다. 하찮은 고양이도 눈먼 새끼를 버리지 못하고 밤새도록 찾아 헤매지 않았던가.

고장 난 벽시계

　내 핸드폰의 알람은 오전 여섯 시로 맞춰져 있다. 그러나 알람이 나를 깨워 준 적은 아직까지 한 번도 없다. 기상 시간은 예나 지금이나 새벽 네 시쯤이다. 알람이 깨워주지 않아도 변함없이 그 시간이 되면 눈을 뜬다. 눈을 비비며 일어나 거실로 나와 시원한 냉수 한 컵을 마시고 하루 일과를 시작한다.
　그 다음은 다육식물이 옹기종기 모여 사는 베란다로 발길을 옮긴다. 이리저리 기웃거리며 물이 부족하지 않은지 혹시 진딧물이 생기지 않았는지 세심하게 둘러본다. 정성을 들인 만큼 예쁘게 커주는 다육식물들과 눈인사를 하고 무언의 대화를 나누는 시간이다. 남편은 베란다가 무너지겠다며 다육 식구를 그만 늘리고 남들에게 분양해 주라고 한소리씩 하지만 늘어나는 다육 식구들을 보면 마음까지 풍성해진다. 다육 돌보기를 끝내고 컴퓨터 앞으로 간다. 메일을 열고 전해온 소식들을 읽고 마로니에샘가에 실린 행촌회원들의 수필과 행촌의 이모저모를 읽어본다.

그러다 보면 여섯 시에 맞춰 놓은 알람이 경쾌한 곡을 선사한다. 컴퓨터 앞에서 일어나야 할 시간이다. 알람을 맞춰 놓은 이유는 아침 식사 준비를 해야 하는 시간이기 때문이다. 내 핸드폰 알람은 잠을 깨워주는 기상 신호가 아니라 아침 식사 준비 시간을 알리는 신호다.

며칠 전, 잠에서 깨어 거실로 나와 모처럼 벽에 걸려 있는 시계를 보았다. 새벽 세 시 반을 가리키며 멈춰 서 있었다. 건전지 수명이 다 되어 배가 고파 멈춰 선 것 같다. 깜깜한 밤에 불을 켜지 않아도 시간을 볼 수 있는 전자시계가 안방에 있고 식구들 모두 핸드폰으로 시간을 보는 것이 습관처럼 되어 있어 거실에 있는 벽시계쯤이야 멈춰 서 있어도 관심이 없었다. 며칠 동안 건전지를 갈아 끼워 주지 않아도 떼를 쓰지도 않는다. 묵묵히 그 자리를 지키고 있는 고장 난 벽시계다.

거실에서 눈에 잘 띄는 좋은 자리를 차지하고 있는 것은 값이 비싸고 좋은 시계라서가 아니다. 오래전에 동그랗고 아담한 시계를 친구가 주었다. 그 친구의 성의를 생각해서 걸어

두었던 것이 지금까지 그 자리를 지키고 있다.

 벽시계가 없으면 거실이 더 깔끔하고 넓어 보이지 않을까 싶어 없애버리려고 생각한 적이 있다. 그런데 왠지 벽시계를 떼어내고 보니 시계가 걸려 있던 자리가 허전해 보였다. 어쩔 수 없이 눈에 잘 띄는 그 자리를 벽시계에게 내주었다.

 세월은 참으로 빠르다. 몇 달 뒤에는 내가 진짜 할머니가 된다. 둘째 딸이 임신했으니 곧 귀여운 손자든 손녀든 안겨 줄 것이다. 친구들이 손자 자랑을 하면 조금 멋쩍게 느껴졌다. 그런데 딸아이가 임신했다는 소식에는 너무 좋아 나도 자랑하고 싶고 눈물까지 나왔다. 사위가 독남무녀이기에 더욱 간절하고 반가운 소식이다.

 딸을 출가시킨 부모는 모두 이런 마음이 아닐까 싶다. 세상 어느 여자가 할머니가 되고 싶고 할머니라고 부르는 소리를 들어서 좋은 사람이 있겠는가? 그러나 딸을 출가시킨 어미로서 임신 소식을 기다리며 얼른 할머니가 되고 싶었던 터인데 드디어 바라던 한 가지 소원이 이루어졌다.

 나이는 숫자에 불과하다는 말을 흔히 한다. 대부분 사람들은 자기 나이를 잊고 산다. 그러다가 문득 나이를 떠올리면 무던히도 많이 먹은 것 같고, 지나간 세월이 너무 빨리 도망쳐 버린 것 같아 허무함을 느낀다. 나이는 세월이 가면 한 살 두 살 숫자로 채워진다. 마음까지도 늙은 사람은 없다. 나이를 잊어봄도 좋다.

누구나 가끔씩 지나온 삶을 뒤돌아볼 때가 있다. 즐거웠던 일, 행복했던 일, 힘들었던 일들이 많은 추억으로 남아있다. 행복은 내 마음에 있다고 한다. 어떻게 생각하느냐에 따라 행복과 불행으로 나누어진다. 생각도 습관과 같다고 한다. 좋은 생각을 하면 자신도 모르게 행복해지고 부정적인 생각은 생각할수록 불행으로 빠지게 한다. 습관도 바꿀 수 있듯이 생각도 긍정으로 바꾸면 마음에서 행복이 펑펑 솟아날 게 분명하다.

멈춰 선 벽시계에 건전지를 끼우자 조금도 불평 없이 똑딱똑딱 잘도 간다. 며칠 동안 밥도 주지 않고 굶기며 방치해 놓았는데도 불평 한 마디 없다. 고장 난 벽시계 때문에 잠시 많은 생각을 했다. 건전지를 끼우지 않으면 시간이 멈추듯 세월도 잠깐씩 멈춘다면 어떻게 될까? 시계는 멈추어도 세월은 멈추지 않는다. 세월도 고장 난 벽시계처럼 조금씩 멈추었다가 가면 안 될까?

그리운 시어머님

"어미야!, 어미야!"

시어머님께서 부르시는 낮은 목소리가 들리는 듯하다. 늘 방안에만 누워계셨으니 얼마나 답답하셨을까? 시어머니의 방문은 언제나 활짝 열려 있다. 답답하실 것 같아 열어 놓고 살았다. 식구들의 모습이 모두 보였으련만 내가 조금만 눈에서 멀어지면 '어미야' 하며 자주 불렀다. 어디가 불편하거나 심부름을 시킬 일이 있어서도 아니다.

허전하고 불안해서 그랬을까? 시어머님은 거동을 못하면서부터 어린애기가 되었다. 이런 시어머님이 돌아가신 뒤 집 안은 너무 삭막했다. 그분의 빈자리는 너무 컸다. 그래서 때때로

허전하기조차 했다. 한동안은 퇴근하여 집에 돌아오면 살아계실 때처럼 버선발로 나와 반겨 주시는 것만 같았다.

모처럼 여유가 있어 저녁 식탁에 봄 향기 그윽한 머위 나물을 요리해서 내놓았다. 시어머님도 머위 나물을 무척 좋아하셨다.

"고것이 참말로 쌉쌀하니 맛이 있다."
하시면서 드시던 시어머님의 모습이 떠올라 눈시울이 뜨거워졌다. 돌아가신 지 3년이 지난 지금도 시어머님 생각에 가끔 눈물이 날 때가 있다. 평소 시어머님이 좋아하시던 음식을 먹을 때면 생각이 더 나곤 한다. 어찌 잘못했던 일들만 그토록 새록새록 생각이 떠올라 가슴을 아프게 하는지 모를 일이다.

시어머님은 많은 세월을 사는 동안 내가 마음에 들기만 했을까? 살을 맞대고 사는 남편도, 내가 낳은 자식도 때로는 서운할 때가 있다. 그런데 시어머님은 남편이나 손녀들 하물며 며느리인 나에게도 한 번도 서운한 내색은커녕 잘못을 꾸짖은 적도 없으셨다. 항상 잘하고 좋아서만 그러지는 않았을 것이다. 마땅치 않았을 때도 많았겠지만 그때마다 속으로 삭히며 이해해 주셨기에 고맙기만 하다. 시어머님과 나는 서로 표정만 보아도 마음을 읽을 수가 있었다.

시어머님은 남편을 42세에 낳으셨다고 했다. 남편보다 20세 위에 시누이가 있고 시숙은 남편보다 4세 위시다. 시누이와 시숙님 사이에는 유산되거나 낳아서 크다가 모두 잃었다고 했다. 자식들을 행여 또 잃을까 노심초사하며 키우셨다고 한다.

　많은 우환을 겪으면서 시아버지는 술집으로 시어머니는 무당을 찾아다니며 부유했던 살림을 쉽게 탕진했다고 했다. 살림이 기울어져 시숙과 남편을 키울 때는 무척 힘드셨다고 했다. 지금처럼 의술이 발달했더라면 자식을 많이 잃지는 않았을 것이다. 많은 자식을 가슴에 묻은 시어머니의 마음이 얼마나 아프고 힘들었을까?

　결혼 후 남편이 내게 해준 말이 있다. 나름대로 시어머니의 식성이며 성격들을 귀띔해 주었다. 시어머니는 고기를 좋아하지 않고 채소를 좋아하신다고 했다. 그런데 같이 살면서 보니 시어머님은 채소보다는 육류를 좋아하셨다. 가정형편이 좋지 않아 어쩌다 고기를 먹을 때면 자식들을 먹이려고

　"나는 고기를 싫어한다."

하시며 자식들 입에만 넣어 주셨을 것이 분명하다. 어린 남편은 시어머님이 하신 말씀을 믿었고 성장하여 어른이 되어서도 그 말을 믿고 있었다.

　언젠가 친구가 이런 이야기를 한 적이 있다. 조기를 먹을 때면 어린 자식들의 목에 가시가 걸릴까 봐 가시를 발라내고 살을 떼어 먹이며 조기 머리는 친구가 먹곤 했단다. 그렇게 키운 아들이 성장하여 어느 날은 식탁에 조기를 올려놓았더니 "엄마는 조기의 머리를 좋아하시지요?"하면서 조기의 머리를 뚝 떼어 친구 밥그릇 위에 올려주는지라 어이가 없어 한참을

엄마는 거짓말쟁이

멍하고 있었다고 한다.

　그 아이처럼 남편도 자기 어머니의 말씀을 지금까지 그대로 믿고 살아왔다. 시어머니는 고기 중에서도 유난히 닭고기를 좋아하셨다. 무더운 삼복더위에 삼계탕을 해드리면 한 마리를 국물도 남기지 않고 말끔히 드셨다.

　그렇게 애지중지 키웠던 자식 중에서도 막내인 남편을 더 예뻐하셨다. 남편도 역시 고생하며 사셨던 어머님의 마음을 알았고 남편이 편히 모실 거라고 마음속으로 다짐했다고 한다. 우리가 결혼할 때 시어머님의 연세는 70세였다. 머리는 백발이셨고 허리도 많이 굽어 있었다. 그동안 얼마나 힘들게 사셨는지 알 수가 있었다. 우리와 같이 살면서도 시어머니는 항상 우리가 하는 대로 편하게 배려해 주셨다. 항상 자기의 주장을 내보이지 않고 자식들을 이해하며 사랑으로 감싸 주셨다. 우리가 잘해서 결혼생활이 평탄한 것은 아니었다. 시어머니의 사랑이 있었기에 26년을 함께 사는 동안 고부간의 갈등은 전혀 모르고 살았다.

　가끔 남편은 시어머님에게 덕을 보고 산다는 말을 했다. 이해가 가지 않았다.

　"무슨 말을 그렇게 해요?

　"그런 줄 알아."

하며 더 이상 말을 잇지 못하게 입을 막았다. 그때는 남편 말이 이해가 되지 않았다. 시어머님이 재산을 물려준 것도 아니고 조상들의 제사며 집안의 적지 않은 대소사까지 내가 감당하고 있던 참이었다. 그렇게 말을 하다니 어이가 없기도 했다. 남자는 멀리 내다보고 여자는 당장 코앞만을 내다본다며 꾸짖기도 했다. 남편의 말에 서운했다. 세월이 흘러 딸자식들이 성장하면서 남편의 깊은 속마음을 알았다. 인생은 재산이 전부가 아니라는 것도.

시어머니는 중풍으로 시작하여 치매까지 6년을 고생하다가 96세에 돌아가셨다. 직장에 다니는 나로서는 시어머니의 대소변 문제와 시중을 들기가 힘들고 버거울 때도 있었다. 그래도 참고 해냈다. 남들은 요양원으로 모시지 힘들게 그러느냐, 치매있는 분도 환자인데 요양병원에 모셔야지 그러냐는 둥, 위로한다고 해준 말들이지만 귀에 들어오지 않았다. 시어머니의 마음을 알기 때문에 요양원으로는 모실 수가 없었다. 치매가 있으면서도 자식을 그토록 생각하며 해가 져 어두워지면 식구들을 기다리며 현관문만 바라보고 계셨던 분이다. 그런 분을 어찌 요양원에 모시겠는가? 시어머님을 그런 곳에 모시면 자식들이 그리워 금방 돌아가실 것 같아 모실 수가 없었다.

엄마가 직장일과 할머니 수발까지 하는 모습을 보고 딸들이 가끔 할머니의 목욕과 대소변 처리를 도와주곤 했다. 사실 자식들 손까지는 빌리기 싫었고 나 혼자 감당하려 했다. 딸들이 할머니의 사랑을 듬뿍 받고 컸기에 심성이 착했나 보다. 남편이 시어머니 덕을 보고 산다는 그 말을 그때서야 바로 알

엄마는 거짓말쟁이

게 되었다. 물질적인 부보다 착한 심성을 딸들에게 가르쳐준 시어머님이 무척 고맙다. 꿈속에서라도 한번 뵙고 싶은 시어머님, 시어머님! 보고 싶습니다.

나는 5월이 좋다

요염하기 그지없던 목련이 낙화한 지 오래다. 낙화의 뒤를 따라 곧은 자리를 잡고 나오는 새순 역시 탐스럽고 요염한 목련꽃과 너무도 닮았다. 5월의 시작은 형형색색의 봄꽃들이 아름답게 세상을 수놓아 어디를 가나 눈이 부실 정도다.

멀리 보이는 과수원의 분홍색 복사꽃은 중년 여인의 마음을 몽땅 빼앗아 가슴을 설레게 만든다. 신록의 계절답게 연녹색 나뭇잎은 하루하루가 다르게 진녹색으로 변장한다. 이토록 좋은 날이면 하루를 1시간쯤 더 늘리고 싶은 심정이다. 시간을 붙들어 매어놓고 싶은 계절! 우리의 마음까지 푸른빛으로 물들여 따스한 봄이 더욱 싱그럽고 아름답게 느껴진다. 모든 생물이 약동하는 좋은 계절이라서 5월을 계절의 여왕이라고 했나 보다.

　따스한 햇살과 솔솔 불어오는 바람과 함께 은은하게 퍼지는 배꽃 향기를 맡으며 봄날의 여유를 즐겨봄도 좋다. 공기는 사각사각 너무도 신선하다. 하늘은 티 없이 맑고 푸르러 그 자체가 축제의 날이니 5월은 정말 좋은 달이다.

　어느 친구는 어린이날, 어버이날 그리고 스승의 날까지 겹쳐 지출이 많아 5월이 제일 싫다고 하지만 나는 가장 좋아한다.

　5월은 어린이날, 어버이날, 스승의 날, 부부의 날, 성년의 날 등등 사랑하고 존경하며 살아야 하는 가정의 달이다. 가정에도 크고 작은 행사들이 있기 마련인데 우리 집은 다행히 남편과 큰딸, 셋째 딸의 생일이 5월이고 조상님들의 합동제사도 5월에 들어있다. 그래서 나는 5월이 더욱 좋다.

　내가 엄마가 되었던 28년 전, 큰딸이 태어나던 그때의 기분은 정말 신기했고 표현할 수 없을 만큼 좋았다. 3일 동안 간간이 찾아오는 진통으로 무섭고 겁도 났지만 차분히 엄마가 되는 준비를 했고 1983년 5월 15일 오전 9시 35분, 드디어 참기 힘든 고통을 이겨냈고 큰딸은 3.3kg의 정상체중으로 힘찬 울음과 함께 태어났다. 울음소리라고 하지만 결코 울음은 아니리라. 세상에 나왔다고 알리는 큰 외침의 소리였을 것이다. 엄마가 된 내 귀에는 울음소리가 아니라 환희의 소리로 들렸다. 코와 입 그리고 눈과 귀, 손과 발 또렷하고 엄마 아빠를 닮은 아가의 모습을 본 순간 너무 행복했다. 큰딸의 생일이 스승의 날이다. 큰딸과 남편의 생일이 똑같은 날이라서 더 좋다. 친정 부모님과 시어머님의 수고했다는 따뜻한 말씀에 눈물이 주르륵 쏟아졌다. 참기 힘든 고통 때문만은 아니다. 우리 어머니도 시어머님도 나와 남편을 이렇게 힘들게 낳으셨구나, 하는 생각이 들어 순간 고맙고 감사해서 눈물이 났다.

부모의 마음은 자식을 낳아 보아야 알 수 있다고 하더니 부모님의 마음을 그때서야 조금 아주 조금 알 수 있게 되었다.

우리 집은 어버이날이 되면 어머니를 비롯하여 작은아버님과 사촌 동생들까지 한자리에 모여 식사를 한다. 어버이날 뿐 아니라 어머니와 작은아버지의 생신, 그리고 크고 작은 행사에도 늘 사촌들과 같이 모인다. 자주 보고 만나야 정이 두터워지고 우애할 수 있게 된다. 자주 만나면서 서로 아껴주고 보듬어주며 살아야 사람 사는 맛을 느끼고 사랑이 두터워지기 때문이다. 나는 우리 형제의 맏이다. 때로는 맏이로서 소홀하고 성의가 부족한 것 같아 마음이 아플 때가 많다. 늘 고마운 것에 대해 잊고 살 때가 많다. 이런 내 마음을 읽은 듯 이번 어버이날에는 남편이 선뜻 처가 식구들이 모두 한자리에 모이면 한턱 내겠다고 벼르고 있다. 셋째 딸이 교사 발령을 받았으니 한턱 낼 만하다는 이유다. 남편은 맏사위로서 역할을 톡톡히 잘한다. 이렇듯 정해 놓은 기념일이 있기에 가족이 한

자리에 모일 수 있다. 정해진 기념일이 없다면 가족이 한자리에 모이기 쉽지 않을 것이다. 모든 가정이 좋은 날들을 통해 평소 소홀했던 가족을 생각하고 함께 사랑을 나누며 멋지고 행복이 넘치는 5월이 되었으면 좋겠다.

날마다 새로워지는 세상

　남편이 휴대폰을 스마트폰으로 바꿨다. 얼마 전만 해도 스마트폰까지는 필요 없다던 남편도 주위에서 너나할 것 없이 가지고 다니는 스마트폰이 부러웠나 보다. 본래 쓰던 휴대폰도 아직은 쓸만하고 고장도 나지 않았는데 바꿨다. 손안에 쏙 들어가는 작은 스마트폰이지만 인터넷을 검색하면 궁금한 것에 대한 정보를 척척 가르쳐 준다. 그리고 여러 기능으로 세상 돌아가는 여론을 보고 자신의 생각을 남들에게 전하는 것이 일상화되었다. 스마트폰은 우리에게 편리성과 다양성을 제공하니 정말 좋은 물건이다.
　문명이 발달함에 따라 편리한 물건들이 속속 개발되고 사람들은 그런 제품에 의존하며 살고 있다. 기억해 두어야 할 간단한 전화번호조차도 외우려 하지 않으니 어찌 보면 기억력이 감퇴되고 무능력자가 되는 게 아닐까 싶다.

몇 달 전, 나는 고장 난 휴대폰을 바꿔야 했다. 갑자기 고장 난 휴대폰을 들고 급하게 가까운 서비스센터를 찾아갔다. 고치려면 AS 비용과 부품 값까지 만만치 않게 들어간다는 말에 새 폰으로 바꾸게 되었다. 요즘은 신규로 가입하면 공짜로 새 제품을 주기 때문에 대부분 사람들이 조금만 이상이 생겨도 부담 없이 새로운 폰으로 바꾼다. 어쩌면 휴대폰 가게 주인들이 영리를 목적으로 신규 가입을 유도하기 때문인지도 모른다.

기계치인 나는 새로운 것을 접할 때 두려움이 참 많다. 그러기에 쉽게 접근하지 못한다. 나의 이동 사무실이 된 휴대폰을 지금까지 몇 번 바꾸었어도 고집스럽게 같은 회사 제품만 사용해왔다. 다른 회사 제품도 사용하다 보면 금방 익숙해지겠지만 문자를 쓸 때나 여러 가지 기능 사용이 숙달되기까지는 시간이 꽤 걸리기 때문에 고집해왔다. 요즘 많은 사람들이 스마트폰으로 바꾸는 추세이긴 하지만 나에게 스마트폰은 그다지 필요가 없을 것 같아 일반 휴대폰으로 마음을 정했는데 옆에서 남편이 스마트폰으로 선택하라고 부추기는 바람에 큰 맘 먹고 스마트폰을 구입했다.

휴대전화는 전화를 걸고 받고 문자를 보내고 받는 것만 잘

되면 되지 않겠는가? 그렇게 생각했다. 그런데 막상 스마트폰을 사용하고 보니 편리하고 좋은 점이 너무 많았다. 새로운 기능들은 신기하기조차 했다.

좋은 내용들을 많이 제공하는 스마트폰을 쓰면서 왠지 마음 한구석에 불안감이 생겼다. 스마트폰의 좋은 기능들이 우리의 정신기능을 약화시키는 것은 아닐까?

예전에는 전화번호를 잊지 않으려고 여러 번씩 암기하곤 했는데 지금은 그럴 필요가 없다.

간단하게 스마트폰에 입력해 놓으면 얼마든지 쉽게 찾을 수 있다. 전에 쓰던 휴대폰은 전화번호 입력이나 문자 보관이 한정되어 있었다. 하지만 스마트폰은 무제한이다. 예전처럼 작은 수첩에 중요한 내용이나 전화번호를 또박또박 빼곡하게 써서 보관하던 시대는 지났다. 굳이 수첩이 필요 없거니와 번거롭게 기록해 놓을 필요도 없다. 그래서 작은 수첩에 기록해 두었던 전화번호를 휴대폰으로 이동시켜 놓고 없애버린 지 오래다. 휴대폰이 갑자기 고장으로 작동이 되지 않으니 전화번호가 전혀 기억나지 않았다. 입력해 놓은 이름을 찾아 전화를 하다 보니 친구의 전화번호는 물론 가족의 번호도 기억나지 않았다. 폰을 잃어버리면 정말 큰일이라는 생각이 들었다.

그 안에 기록된 내용들이 모두 사라지고 전화번호도 기억할 수 없지 않은가. 휴대폰이 나도 모르는 사이에 정신기능을 약화시키는 것 같았다. 정신기능을 활용하지 않다 보면 악화

되는 것은 분명하다. 어쩌면 이렇게 좋은 물건을 만드는 것도 사람이고 사람을 위해 만든 물건인데 좋고 편리하면서도 정신기능을 퇴화시켜가는 것이 아닌가 싶어 두렵다.

오래전에는 TV와 라디오에서 흘러나오는 새로운 유행가를 두어 번 정도만 들어도 가사를 외울 수 있었다. 그런데 노래방이 유행하면서 큼지막하게 설치된 화면의 자막에 의존하는 습관이 생겼다. 가사를 번거롭게 외울 필요가 없게 되었다.

또 과거의 의사소통 수단으로는 글을 써서 전달하는 것이 많았다. 친지와 친구, 선생님, 혹은 애인에게 정성을 담아 편지를 쓰고 받은 편지를 소중하게 여기며 모아 두었다. 지금은 휴대전화에 간단하게 문자로 몇 자 써서 전송하는 것이 예사가 되었다. 이 시대에 손수 편지를 쓰는 사람은 미개인이라도 될 것 같아 자못 겸연쩍기조차 하다.

우리 조상들은 대대로 물질보다는 정신문화를 존중하였고 인간을 최우선의 가치로 중요시 하였다. 스마트폰의 시대에 우리가 보완해야 할 것은 정신기능의 강화일 것 같다. 정보의 홍수 속에 검증되지 않은 정보를 마치 사실인 양 몰아가는 시대에 살고 있다. 더 나아가 무분별하게 올려진 정보의 유통 속에 진실과 거짓을 구별할 수 없게 되었다. 물질문명의 발달에 따라 우리 인간이 점점 더 소외되는 것 같아 안타깝다.

내 인생의 중간 결산

　일을 마감하고 맞이한 휴일이라 여유로운 시간이다. 나의 직장생활은 항상 매월 말일이 되면 마감해야 하며 늘 선의의 경쟁 속에서 순위를 겨룬다. 한 달이 지나면 마감하고 새로운 달이 시작되면 또 경쟁의 연속이다. 다람쥐 쳇바퀴 돌듯 돌고 돌면서도 더 높은 이상을 향하여 그때 그때마다 새로운 삶을 추구하는 것이 행복을 향한 인생살이의 경쟁이 아닌가 싶다.
　사람은 누구나 과거에 만족하지 않고 더 많은 것을 얻기 위해 새로운 목표를 세워 도전한다. 이것이 인간의 본질이며 현실에 만족할 줄 모르는 욕망이기도 하다. 이를 정서적으로 말하면 희망이다. 무슨 일을 하든 시작은 누구나 부푼 꿈을 갖기 마련이다. 한 주, 한 달, 1년이란 기간이 정해져 있어 계획을 세우고 희망을 갖게 하며 용기와 도전으로 다시 힘을 모으는 계기를 만들게 되는 것 같다.

더위를 달래려고 얼음을 동동 띄운 시원한 냉커피를 탔다. 종종 마시는 냉커피지만 마음이 여유로워서인지 오늘따라 유난히 달콤하고 시원하여 묵은 체증을 쑥 밀어내는 듯하다. 뜨거운 태양이 이글거리는 한낮에 목이 터져라 울어대는 매미의 노랫소리는 모처럼 얻은 여유를 더 풍요롭게 해주고 있다. 음악이 없어도 자연의 노래에 취해 커피의 진한 향은 코와 혀는 물론 가슴까지도 자극한다.

경적을 울리며 시끄럽게 골목을 빠져나가는 경운기 소리도 경쾌하게 들리는 여유 만만한 시간, 여기까지 살아온 내 자신의 지난날들을 한 번쯤 돌아봄도 좋겠다. 내가 그만큼 성숙했다는 것일까?

제2의 인생이라는 결혼, 아름다운 꿈만을 생각하며 시작했던 신혼생활이었다. 그러나 지금까지 살아온 날들이 평탄한 길만은 아니었다. 계곡도 있었고 거친 강물도 있었다. 29년이란 세월의 강을 건너오면서 때로는 두려움과 망설임도 있었지만 그때마다 최선을 다한 나머지 슬기롭게 건널 수 있는 지혜를 얻었다. 그래도 힘든 날보다 즐겁고 행복했던 날들이 훨씬 많은 것 같아 마음이 한편 뿌듯하다. 사람들은 내게 말했다.

"화날 때도 있어?"

나라고 어찌 웃을 수 있는 좋은 일만 있고 화나는 일, 짜증나는 일이 없었겠는가. 너그럽게 배려하는 마음으로 살려고 노력하며 살았다. 타고난 성격도 있겠지만 노력하면 안 되는 일은 없는 듯하다. 이해하고 다독이며 나의 이익보다는 상대에게 부담스럽지 않게 살았다. 나이가 들면서 화를 내거나 짜증을 내는 일이 종종 생긴다. 욕심이 앞서기 때문이 아닐까? 시간이 지나고 나면 후회하면서 말이다.

젊은 시절을 돌아보면 철이 없었던 것 같아 나도 모르게 고개가 숙여진다. 그런 일이 어찌 한두 번뿐이겠는가. 순진하기만 했던 청순함은 사라진 지 오래다. 세월이 흐르면서 빛바랜 사진처럼 여렸던 마음은 사라지고 억세어졌다. 내 것보다는 남의 것이 커 보여 늘 마음만 바쁘게 살아왔다. 현실에 맞게 순리대로 살아가는 것을 잊은 채 정신없이 위를 바라보며 달렸다. 아래를 내려다보며 살아야 하거늘, 시선은 늘 위로 고정되어 있다. 그러니 항상 마음이 바쁠 수밖에……

결혼 후, 여러 해 동안 남편의 말에 순종하며 따르던 태도는 나도 모르는 사이에 사라져갔다. 내 주장이 강해졌다. 듬직하게 믿어주고 지켜준 남편이 버팀목이었음을 잊은 채 목소리는 높아지고 기세가 당당해졌다. 자중할 줄 아는 사람이 되도록 노력해야겠다.

어느 날, 거울 앞에서 문득 발견한 깊게 파인 주름을 보고 끔찍이도 놀라고 하루를 우울해 한 적도 있다. 나무에 나이테가 생기듯 사람에게도 얼굴에 나이테가 그려지는 것을……. 벌써 큰딸은 서른을 코앞에 두고 있다. 막내딸도 스무 살을 훌쩍 넘겼다. 그런데도 나이가 나 혼자만 늘어가는 것 같은 착각에 빠질 때가 있다.

　꽃다운 아가씨 시절, 나는 늘 상냥하고 활달하였다. 꿈도 많고, 하고 싶은 일들도 많았다. 그래서일까? 딸들이 커가는 모습을 지켜보며 내가 부족했던 부분을 대리만족하려는 욕심으로 내 생각을 강요했었다. 그래도 적응을 잘해 준 딸들이 고맙고 대견스럽다.

　지금까지 열심히 노력하며 살았다. 내 인생의 3분의 2는 족히 살아온 것 같다. 남은 인생도 최선을 다하며 더욱더 열심히 살아가야겠다. 지난날 어리석었던 것은 버리고 부족한 것은 노력으로 채우고 과한 욕심을 비우며 살아야겠다. 먼 훗날 후회하지 않고 멋지게 살았다고 당당하게 말할 수 있도록.

농촌의 불청객

"계십니까?"
"누구세요?"
"잠깐 뵈러 왔습니다."
 이른 아침 전혀 짐작이 가지 않는 낯선 남자의 목소리에 누굴까 생각하며 빠른 걸음으로 현관으로 나갔다. 모르는 40대 중반쯤 보이는 깔끔한 차림의 남자가 현관에 들어와 서있다.
"어쩐 일이세요?"
하고 물었더니 대뜸 한 푼 도와 달라고 했다. 생김새는 아무렇지 않아 보이고 외모로 보아 구걸하고 다닐 만큼의 모습은 아니다. 머뭇거리고 서 있는 나에게

"살기가 힘들어 찾아왔습니다. 집사람은 집을 나가고……."
계속 이야기를 하고 있었다. 집사람이 집을 나갔다는 말에 오죽하면 여자가 집을 나갔을까도 생각했지만 억지로 꾸며낸 핑계라는 걸 느낄 수 있었기에 동정심이 전혀 가지 않았다.

"그냥 가세요."

한마디로 냉정하게 거절하고 현관문을 닫았다. 방에 들어와서 출근 준비를 하며 귀는 현관 쪽으로 기울이고 있었다. 남편은 출근을 하고 딸들도 학교에 가고 혼자 있던 터라 은근히 겁도 났다. 나가는 소리가 들리지 않았다. 갑자기 무서운 생각이 들었다.

그냥 몇 푼 들려서 보내고도 싶었다. 농사철을 맞아 농촌에 빈집을 노리고 다니는 좀도둑이 있다는 말도 있는 터라 조심스러웠다. 동정을 살피려고 뒤꿈치를 들고 까치발로 발소리를 죽이며 현관으로 다가갔다. 문을 열었다. 가지 않고 그대로 서 있는 것이었다.

"바쁘니까 가세요."

방에서 겁을 먹고 있던 내가 낯선 남자를 보는 순간 당당하게 큰소리로 말했다. 어려운 사람을 보고 그냥 지나치지 못하는 내가 이런 대담함이 있는 줄 몰랐다. 멀쩡한 사람이 구걸하고 다니는 걸 보니 은근히 화가 났다.

몇 달 전의 일이다. 남동생으로부터 전화가 왔다.

"누나! 바쁜 줄 알지만 누나가 가까이에 사니까 가끔 시간

내어 어머니께 들려 봐요."
 남동생에게 그 소리를 들으며 어머니께서 많이 편찮으신가 싶기도 하고 무슨 일이 생겼나 해서 동생에게 급하게 물었다.
 "어머니께 무슨 일이 있어?"
 "아니, 그냥……."
하는 것이다. 그래도 예감이 이상했다. 다그쳐 물으니까 그 때서야 말을 해주었다. 동생하고 통화가 끝나자마자 소양에 계신 어머니께 달려갔다. 다른 때는 대문을 활짝 열어 놓았는데 오늘따라 꼭꼭 잠그고 계셨다. 큰소리로 어머니를 불렀다.
 "엄마! 엄마! 저 왔어요."
 어머니는 큰딸의 목소리를 듣고 버선발로 나오시듯 구부정한 허리를 제대로 펴지도 못한 채 굽히고 나오셨다. 어머니는 나를 보시더니
 "추운데 대문 앞에서 기다리게 하여 미안하다. 대문을 잠그고 사니까 여간 불편하지 않다."고 하셨다. 동생에게 들어서 대충은 알지만 자초지종(自初至終)을 여쭤 보았다.
 겨울은 농한기라서 농촌에는 일이 없어 여유가 있고 한가한 시기다. 아침 식사를 일찍 하고 텔레비전에 나오는 아침 드라마를 혼자 보고 계셨다고 한다. 점잖게 보이는 중년 남자가 현관에 들어와
 "사돈 어르신! 사돈 어르신!" 하고 불렀다고 한다. 누굴까? 방문을 열고 나가려는데 먼저 들어서며 어머니를 앉으시라고

하시더니 큰절을 하더라고 했다. 그러면서 요즘 건강은 어떠시며 잘 지내고 계시는지 친절하게 안부를 물어 왔다고 한다. 남동생의 이종 매형이 된다고 촌수까지 말을 하고 진안에 가다가 소양을 지날 때쯤 갑자기 차가 고장이 나서 카센터에 맡겼는데 수리비가 15만 원이 부족하다며 빌려주시면 바로 오후에 진안에서 나오면서 갚아드리겠다고 했단다. 남동생에게 전화했더니 어머니께 가서 얘기하면 주실 거라고 해서 왔다는 말에 믿지 않을 수가 없었다고 했다.

　더욱이 남동생이 고등학교 교사라는 것도 알고 있고 익산에 사는 것까지 알고 있어 이종매형이 된다고 하니까 딱 믿었고 마침 30만 원이 있어 그 사람이 보는 앞에서 서랍을 열고 15만 원을 세어주었더니 호주머니에 여윳돈이 한 푼도 없으니 3만 원을 더 달라고 해서 조금도 의심하지 않고 주셨단다. 어머니가 주신 돈을 받아들고 그 사람이 쏜살같이 나간 뒤에 아무래도 이상해서 남동생에게 전화했더니 남동생은 그런 사람은 있지도 않으니 어려운 사람 도와줬다 생각하라고 어머니를 다독이며 안심을 시켰다고 했다.

　어머니께서 속았던 일이 떠올랐다. 혹시 농촌에 노인들을 노리고 다니는 도둑이 아닌가? 하는 생각이 스치며 무서워졌다. 대문이며 현관문 창문까지도 활짝 열고 다니며 신경을 쓰지 않고 사는데 그날은 왠지 그냥 출근하려니 기분이 찜찜했다. 출근하여 일을 하면서도 집이 불안하게 자꾸 생각이 났다.

대문을 활짝 열어 놓고 살던 농촌에서도 이제 집단속을 하고 살아야 되나 싶은 생각이 들었다. 이런 불량배들 때문에 이웃과 오가며 살던 인심과 인정이 허물어지는 것 같았다.

  아무리 경제적으로 어렵다고 해도 일을 하려고 마음먹으면 일자리는 많다. 힘들게 일하기는 싫고 잘사는 사람들을 부러워하는 허황된 생각을 가지고 사는 사람의 소행이지만 그렇다고 농촌에 혼자 사는 노인들의 호주머니를 털어서야 쓰겠는가. 자식들이 조금씩 드린 용돈을 아껴 호주머니에 꼬깃꼬깃 넣어두고 아까워서 먹고 싶은 것, 입고 싶은 곳에도 제대로 쓰지 못하고 모아 둔 돈이다. 정말 이래서는 안 되는데…….

다듬이 소리가 그리워

앞서 어느 노부부가 손을 꼭 잡고 다른 한 손에는 지팡이를 짚고 천천히 걸어가고 있다. 잠자리 날개 같은 하얗고 얇은 모시옷을 입고 나란히 걸어가는 뒷모습은 점잖고 기품이 있어 보였다.
"저 노인들은 어디에 가시는 걸까?"
잰걸음으로 노부부의 걸음에 맞춰 뒤를 따라가자니 괜한 궁금증만 더해갔다. 이윽고 어느 병원 앞에서 가던 길을 멈춰섰다. 천천히 걷는 걸음조차 힘들었던지 한참 동안 허리를 펴고 숨을 고르더니 병원으로 들어가셨다. 노년의 아름다운 참모습을 보는 것 같았다.

'나이가 들면 저렇게 부부가 같이 의지하며 살아야 하는데…….'
하며 홀로 계신 어머니 생각에 잠시 마음이 숙연해졌다. 구김이 없이 반듯하고 정갈하게 차려 입은 모시옷은 누가 손질해 주었을까?
"세탁소에서?"
"아니면 며느리가?"
요즘도 모시옷을 솜씨 있게 손질해 드리는 며느리가 있을까? 햇볕에 반사되어 윤이 날 정도로 깨끗한 하얀 모시옷이 너무 보기 좋았다.
정갈한 모시옷을 보니 돌아가신 할아버지의 모습이 떠올랐다. 할아버지께서는 언제나 한복만 고집하였고 외출하실 때는 갓을 썼다. 한복을 입으면 옷태도 좋았고 기품이 있으셨다. 봄과 가을에는 엷은 홑 한복을 입고 여름에는 한산 모시옷만을 고집하셨다. 겨울에는 두툼하게 솜을 넣은 무명 한복을 입으셨다. 그러니 한복을 손질해드리는 할머니와 어머니가 얼마나 힘들었을지 짐작이 간다. 난 어린 나이였지만 할머니와 어머니가 모시와 삼베, 목화로 길쌈을 해서 식구들의 옷을 만들어 주었던 것이 또렷하게 기억난다.
어릴 적에 우리 집은 봄이 되면 모시와 삼을 밭에 심었다. 무럭무럭 자라서 가을이 되면 어른 키를 훨씬 넘게 자랐다. 무성하게 자란 모시와 삼을 베어 껍질을 벗긴 뒤 삶아서 물에 담가 놓았다. 실을 만들 수 있는 부분만 남을 때까지 담가 두었다. 며칠이 지난 뒤 남은 껍질을 가느다랗게 쪼개어 이어가며 실을 만들어 소쿠리에 새려 놓았다. 가늘고 곱게 쪼개어 실을 만들어야 얇고 고운 옷이 만들어진다. 그리고 꾸리에 단단하게 감아 놓았다가 베틀에서 베를 짜면 옷감이 만들어진다. 베틀 위에 앉아 베를 짜던 어머니의 모습이 아련하게 떠오른다. 동생을 임신하셨던 때였을까. 배가 남산만큼 나와서 혼자의 몸도 힘들 것 같은데 베틀에 앉아 베를 짜시던 모습이 지금도 눈에 선하다.

요즘 옷들은 세탁기로 빨아 탈수하고 털어서 잠시 널어놓고 건조만 시키면 금방 입을 수 있어 무척 편리하다. 그러나 모시옷이나 삼베옷은 몇 번의 어려운 과정을 거쳐야 하고 온종일 옷을 손질하는 일에 매달려도 날씨가 화창해야 끝낼 수가 있었다.

양잿물로 깨끗하게 빨아 말리고 뽀얀 밀가루로 묽게 풀을 쑤어 모시옷에 적당하게 풀을 먹여 한 올 한 올 반듯하게 서게 해야 한다. 모시옷에 풀을 먹이는 일도 적당하게 맞춰야 하며 손질하는 일이 손에 배지 않으면 극히 어려운 일이다. 풀이 너무 약하면 모시옷이 후줄거리고 강하게 하면 너무 뻣뻣해 맵시가 나지 않는다. 그러니 보기에는 쉬운 것 같아도 어려운 일이라는 것을 알 수 있다.

반쯤 마르면 주름이 생기지 않게 곱게 개어 깨끗한 포에

싸서 오래오래 밟아 빨랫줄에 널어 말렸다. 어느 정도 보송보송해지면 곱게 개어 다듬잇돌에 얹어 놓고 다듬질을 하여 다시 빨랫줄에 널어 깔끔하게 말린다.

얼마나 듣기 좋았던 다듬이 소리였던가. 지금도 어릴 적에 들었던 그 다듬이 소리가 들리는 듯하다. '강약 중 강약'으로 둘이 마주 앉아 박자를 맞춰가며 두드리는 소리는 타악기 연주 못지않았다. 어쩌면 며느리들의 고된 시집살이로 쌓인 스트레스를 푸는 방법이었을지도 모를 일이다.

어머니 혼자서 다듬이질을 할 때도 있었지만 할머니와 같이 마주 앉아 두들기면 정말 신명나게 들렸다. 고개가 절로 끄덕여지고 어린 우리도 흥겨웠다. 정겹고 아름다운 다듬이 소리를 다시 들을 수 있을까?

다듬질을 해서 널어놓은 모시옷이 완전히 마른 다음 밤이 되면 다시 빨랫줄에 널어 이슬을 맞혔다. 눅눅해지면 양쪽에서 평평하게 잡아당기며 밤늦은 시간까지 다림질을 해야 끝났다.

이런 일도 있었다. 어머니께서 나에게 모시옷 손질하는 방법을 가르쳐 주시려고 그랬는지 할아버지 모시옷을 다리는 날 어머니 반대쪽에서 옷을 팽팽하게 잡으라고 했다. 모시옷을 잡고 있는데 어머니는 빨갛게 달구어진 숯불을 넣은 다리미를 내 손 가까이까지 밀고 오는 것이었다. 나는 손을 데일까 무서웠다. 다리미가 차츰차츰 가까이 왔을 때 모시옷을 잡은 손이 뜨겁지도 않은데 겁을 먹고 놓아 버렸다. 뜨거운 숯이 모시옷에 떨어지고 어머니는 놀라며 얼른 모시옷을 치웠다. 다행히 검은 재가 조금 묻기는 했지만 옷이 타지는 않았다. 그때 힘들여 손질한 할아버지 모시옷이 타기라도 했다면 어떠했을까? 모시옷을 손질하려면 너무 어렵고 시간이 많이 걸렸다. 이토록 힘든 모시옷을 젊은 며느리들이 얼마나 선호하겠는가?

　모시옷과 삼베옷, 무명옷은 우리 조상들이 만든 최고의 옷이다. 나이 든 중년부인들이 하얀 모시옷을 입고 거리에 나서면 기품이 있어 보이고 우아함과 순수함이 느껴진다. 우리 조상들의 지혜가 묻어 있는 모시옷이나 삼베옷은 공기가 잘 통하고 시원하여 여름옷으로는 아주 잘 어울린다. 추운 겨울에는 따뜻한 무명옷을 입었다. 얼마나 지혜로운가. 요즘은 화학물질로 만든 옷들이 판치는 세상이다. 외국문화가 밀려와 우리의 것이 외면당하고 있어 아쉽다. 전통으로 내려오는 우리 것이 오래도록 이어졌으면 좋겠다.

단비

단비 • 문턱 •
벌초 • 봄맞이 •
빈 둥지 •
사람의 향기 • 사위사랑은 장모 •
사회 초년생 딸을 보며 • 새 자전거 •
성묘 가는 길 • 세뱃돈의 추억 •

단비

단비가 내렸다. 목마르게 타들어가던 채소와 농작물 그리고 모든 초목들에게 생명수가 되었다. 얼마나 기다렸던 비였던가? 애타게 기다리던 터라서 더 반가웠다. 시들어가는 식물들을 보면서 많은 사람들의 마음도 함께 갈증을 느꼈고 가슴을 조이며 타들어 갔을 것이다. 시들시들한 모습을 그냥 지켜보아야만 했다. 날마다 하늘만 올려다보며 비를 기다렸다. 아침에 일어나면 맨 먼저 창문을 열고 하늘을 쳐다본다. 새벽엔 연일 뿌옇게 엷은 안개가 내려 있다.

"오늘도 비는 오지 않으려나 보다."

애먼 창문만 쾅 닫고 하늘도 무심하다는 생각을 했다. 쉰이 넘게 살다 보니 그날의 날씨쯤이야 아침 공기로 대충 알 수 있다. 한 번쯤 비가 흠뻑 내려주기를 간절히 기다렸건만 오랫동안 극심한 가뭄으로 이어지는 날들이 하늘의 잘못인 양 원망했다. 논농사는 저수지에 가두어 놓았던 물이 바닥을 드러내지 않아 그나마 다행이었다. 밭에 심은 채소나 농작물이 문제였다. 조석으로 물을 뿌려주니 그 순간은 갈증이 해소되는 것 같았다. 하지만 돌아서면 마찬가지다. 마른 땅에 물을 주기란 무척 힘들고 주어도 턱없이 부족하기만 했다.

이른 봄부터 텃밭에 여러 가지 채소들을 골고루 심었다. 100평쯤 되는 텃밭을 가꾸기란 소일거리 치고는 많은 양이다. 아욱, 쑥갓, 상추, 고추, 오이, 가지, 호박 그리고 방울토마토와 참외까지 심었다. 사위가 좋아하는 옥수수도 많이 심었다. 새순이 나고 무럭무럭 자라서 꽃이 피고 열매를 맺기 시작했다. 지나가는 사람들이 담장 너머로 바라보며 부러워하고 잘 가꿔 놓았다는 칭찬도 아끼지 않았다.

열매를 맺기까지는 손이 무척 많이 갔다. 씨를 뿌리면 채소보다 잡초들이 먼저 싹이 나고 앞서 크기 시작했다. 잡초를 뽑고 밭을 매는 일도 무척 힘이 들었다. 가뭄에도 쑥쑥 잘 크는 잡초를 새벽에 일어나 뽑아 주고 퇴근해서도 뽑으며 텃밭에 온 정성을 쏟았다. 아기를 돌보듯 텃밭에서 자라는 채소들에게 정을 주며 느끼는 재미 또한 쏠쏠했다. 비를 흠뻑 맞은 땅을 고랑 치어 비닐로 덮고 그 위에 채소들을 심으면 웬만한 가뭄에는 잘 견뎌 주었다. 그러나 오래 지속되는 가뭄에 견디기가 힘들었던지 채소들의 잎이 꼬이기 시작했다. 밤에는 이슬을 맞고 잠시나마 잎이 펴졌지만 낮에는 수분이 부족한 데다 강한 햇볕을 이기지 못해 시들시들해졌다. 그렇게 힘든 날을 반복하면서 마른 땅에서도 꽃은 피고 오이, 호박, 가지, 방울토마토 등이 열매를 맺어가는 모습은 너무도 신비로웠다. 방울토마토와 고추에 버팀목을 세워주면서 망치로 손을 때려 하마터면 큰일 날 뻔했던 일도 있다. 조금씩 커나갈 때마다 쓰러지지 않게 버팀목에 묶어주고 옆 가지는 잘라내어 주었더니 어느새 내 키를 따라잡으려고 한다.

 많은 사람들의 원망 끝에 한 방울씩 내리기 시작하던 비가 정오가 가까워지면서 잔잔하게 땅속에 스며들었다. 이제 단비를 만났으니 얼마나 더 클까? 내일쯤이면 남편 키를 따라잡을 것 같다. 오후가 되면서 빗방울이 굵어지고 하수도로 빗물이 흘러 내려가기 시작했다. 긴 가뭄 끝에 내린 단비라서 하수도로 흘러나가는 물이 너무 아까웠다. 하수도로 통하는 구멍을 막아 버리고 싶었다. 텃밭에 흡족하게 스며들게 하고 싶은 마음뿐이다. 정말 이번 단비는 농작물이나 모든 초목들에게 보약이었다. 집 안에 있는 작은 텃밭을 가꾸면서도 이렇게 애가 타는데 농부들은 얼마나 애를 태우고 힘들었을까 생각하니 농부들의 고충이 헤아려졌다. 물은 생명의 근원이다. 자연의 힘이 이토록 크다는 걸 알았다.

이른 새벽 여느 때와 같이 습관처럼 텃밭으로 나갔다. 생기가 돋은 채소들을 보니 내 마음도 흡족하다. 오이를 하나 뚝 따서 한입 베어 물었다. 향긋한 오이 향이 입안에 가득하다. 다른 때와 달리 신선함이 더 느껴졌다. 정성을 들여 직접 키웠고 무공해라서 그랬을까? 채소를 키워 보니 오이처럼 잘 크는 것도 없는 것 같다. 어느 지방에서는 오이를 물외라고도 한다. 물이 많아야 잘 큰다는 오이가 물이 부족했으니 어느 채소보다 더 목이 말랐을 것이다. 쑥쑥 크는 모습이 눈에 보이는 것 같다. 자고 나면 한 뼘씩은 크는 것 같다. 내가 어렸을 적에 할머니가 건강하게 잘 크는 나를 보고 좋으셨던지 등을 다독여주며 오이같이 쑥쑥 잘 큰다고 하신 말씀이 생각난다.

방울토마토가 있는 쪽으로 가 보았다. 흠뻑 단비를 마시더니 밤사이에 새색시처럼 낯을 붉히고 있다. 신기하다. 내일 모래쯤이면 빨갛게 익어 따먹어도 될 것 같다. 채소들이 모두 반짝반짝 빛이 나고 검은 녹색을 띠고 있다. 채소들이 좋아서 춤을 추는 모습이 넉넉해 보인다. 밤사이에 쑥 자란 채소들을 솎아냈다. 너무 많아서 친구들에게 나누어 줄 생각을 하니 마음이 뿌듯하다. 나도 단비 같은 사람이 되어야겠다.

문턱

"윙~ 윙~"

진공청소기가 요란하게 소리를 내고 있다. 진공청소기는 둥그런 바퀴로 조금의 주춤거림도 없이 방, 거실, 주방의 문턱을 넘나든다. 우리 집의 가전제품 중에서 냉장고, TV, 세탁기, 컴퓨터, 전기밥솥 다음으로 많이 쓰는 전기제품이 진공청소기다. 하루에 한 번씩 청소기로 청소를 할 때마다 큰 소리를 내는 바람에 다른 소리를 들을 수 없는 게 흠이다. 그렇기는 하지만 청소기로 청소를 해야 시간도 단축되고 수월하다. 어쩜 우리 집의 살림꾼인 셈이다. 예전에는 비로 쓸어 모아 쓰레받기로 담아냈다. 하지만 요즘엔 집들이 넓어지고 문턱이 낮아

져서 청소기의 도움을 톡톡히 받고 있다. 비를 들고 엎드려 청소하려면 허리도 아프거니와 시간도 많이 걸릴 뿐더러 힘이 든다. 어느 집이든 청소기가 없는 집은 거의 없다. 청소기가 나오면서 남편들도 청소를 도와줘 주부들의 일손을 덜게 되지 않았던가. 청소기가 주부들의 인기를 얻게 된 것도 청소하기가 편리해졌기 때문일 거다.

우리의 전통 한옥을 보면 대부분 문턱이 높다. 박물관이나 옛것을 보존해 놓은 곳을 다녀 보면 문턱은 무척 높다. 옛날 부자들이 살았다는 고가들도 마찬가지다. 한옥은 방문이 적다 보니 문턱은 높을 수밖에 없다. 예전에 어렸을 적 우리 집의 문턱도 제법 높았다. 중학교에 다닐 때까지 전통한옥에서 살았다. 토방이 있고 마루가 있고 그 다음에 방이 있었으며 아궁이에 불을 때서 밥을 짓고 방을 따뜻하게 데워주는 온돌로 만든 전통한옥이었다. 중학교에 다닐 무렵 키가 부쩍 크면서 마루에서 방으로 들어가려면 문턱을 넘기 위해 머리는 약간 숙이고 들어가야 했다. 그런데 가끔 실수하여 머리를 문틀에 찧는 일이 잦았다. 얼마나 아프던지 한동안 지구가 흔들리는 느낌이었고 눈에는 눈물이 핑 돌았다. 머리가 멍하다가 멈출 때쯤이면 이마에 큼지막하게 혹이 생기고 얼마 후에는 그 자리에 파랗게 멍이 남곤 했다.

우리 집은 문턱도 높았지만 할아버지가 가르치는 가정의 법도 또한 문턱만큼이나 높고 어렵기만 했다. 할아버지께서는 엄한 가정교육을 통해 바르게 성장시켜야 한다는 사랑 방법으로 반듯한 가정을 이끌어 나가셨다. 그런 반면에 인정도 많으시고 자상함도 있었다. 엄한 분이라서 항상 조심스러웠다. 할아버지께 다가서기에는 마음에 문턱이 어찌나 높았던지 어리광은커녕 할아버지 앞에서는 무서워 말을 제대로 하지도 못하고 살았다.

할아버지는 완주군 소양에서 무섭기로 소문난 호랑이 할아버지다. 머리에는 상투를 틀고 콧수염과 함께 산신령처럼 하얀 턱수염을 길게 하고 다니셨다. 외출하실 때는 머리에 갓을 썼다. 옛날 선비들 차림을 보는 것 같았다. 할아버지를 처음 보는 사람들도 무섭게 보인다고 했으며 소양에서 '호랑이 할아버지' 하면 모르는 사람이 없을 정도였다.

할아버지는 외모만큼이나 무섭기도 했지만 조금도 흐트러짐이 없는 분이셨다. 손자와 손녀들의 잘못된 버릇이나 행동을 보면 여지없이 불호령이 떨어지고 당장 할아버지 앞에 무릎을 꿇고 앉아 꾸지람과 훈계를 들어야만 했다. 많은 손자들 중에서 하나가 잘못하면 언제나 단체로 모두 불려가 꾸지람을 들어야 했으며 다시는 그런 일이 없도록 반성하도록 했다. 예로부터 손자를 예뻐하면 할아버지 수염을 잡는다는 말이 있다. 이 말은 너무 귀엽게 키우면 버릇이 없다는 뜻이다. 할아버지는 손자들을 귀하게 키우면 버릇이 없을까 봐 그랬을까? 안아주고 다독여주기보다는 훈계하는 사랑 방법으로 키우셨다.

어렸을 적에는 할아버지가 북한의 김일성보다 무서운 분이셨다. 북한의 김일성은 책에서 보고 무서운 사람으로 알았지만 할아버지는 실제 우리 집의 무서운 대통령이셨다. 할아버지 말씀이 바로 법이요 길이요 진리였다. 할아버지의 말씀을 조금도 거역하거나 옳은 말이든 싫은 말이든 말대답을 하는 식구들은 아무도 없었다. 할아버지 말씀이라면 조금의 이유를 말해서도 안 되고 순종하고 살았다. 할아버지의 말씀은 모두 바른 가르침이었기 때문이기도 했다.

할아버지 앞에서는 식사 예절도 어찌나 깐깐했던지 15명의 대가족이 모여 식사를 하면서도 언제나 조용했다. 어린 손자들이 떠들면 할아버지의 '험험!' 하는 헛기침 소리에 금방 조용해졌다. 아무리 배가 고파도 할아버지와 할머니께서 숟가락을 들기 전에는 먼저 숟가락을 들어서는 안 되었다. 요즘처럼 오고가는 대화도 없이 언제나 조용한 분위기에서 밥을 먹었다. 식사 시간에 누군가의 흐트러진 모습이 조금이라도 보이기만 하면 할아버지는 헛기침을 하셨다. 조심하라는 신호였다.

사춘기 때는 엄하신 할아버지께 말없는 반항을 하기도 했다. 남녀평등을 벗어나 남자는 언제나 우선이고 여자는 항상 그 다음이었다. 또 여자이기에 안 된다며 규제하는 것이 너무 많아 여자인 나에게는 언제나 불리한 것 같아 큰 불만이었다. 이렇듯 할아버지와 마음의 벽을 두고 있으니 쉽게 다가갈 수 없어 할아버지와 사이의 문턱이 높기만 했다. 지금 생각하면 모두가 잘되고 올바르게 가르치는 가정교육이었는데 말이다.

　새로운 일에 접할 때나 계절이 바뀔 때도 문턱을 넘는다. 문턱은 설렘과 기대감으로 들뜨게 하기도 하지만 새로운 각오와 다짐의 기회를 만드는 시점이기도 하다. 문턱은 이렇듯 우리의 일상에 좋은 의미를 갖는다.

　요즘엔 방에 문턱도 아예 없어졌다. 그러므로 진공청소기보다 더 좋은 로봇청소기가 혼자 멋대로 돌아다니며 청소를 해준다. 부모와 자식들과의 거리감도 없이 자유롭기만 하다. 우리가 어렸을 때처럼 부모님 앞에 다가서기 어렵던 마음에 문턱도 사라진 지 오래다. 마음의 문을 허물고 맘껏 사랑을 나누고 사는 세상이기에 얼마나 좋은가.

벌초

 벌초를 하려고 새벽부터 일어나 예초기를 마당에 내놓고 땀을 뻘뻘 흘리며 점검하는 남편이 무척 힘들어 보였다. 어두운 창고의 구석에서 1년 만에 환한 세상으로 나온 예초기가 남편을 애태우고 있다. 작년 이맘때 사용하고 한 번도 사용하지 않았으니 시동이 제대로 걸릴 리가 없다. 추석 무렵에 벌초할 때나 눈길을 주는 예초기가 삐져 꾀병을 부리는 것은 아닐까? 말썽을 부리고 있다. 기름칠을 한 번도 하지 않았으니 온전할 리가 없다.
 "윙~~윙~~윙~~"
 몇 번씩이나 시동이 걸릴 듯하다가 꺼지고, 이제는 걸리려나 싶으면 다시 꺼지기를 수없이 되풀이하고 있다. 남편의 이마에 땀이 송골송골 맺혀 있다. 목에 걸린 털수건으로 닦을 새도 없이 손으로 이마의 땀을 쓰윽 훔친다. 이마에 일등병 계급장을 달고 있다. 기름 묻은 손으로 그린 그림이다.
"그까짓 것을 못 고치고 힘을 다 빼세요?"
비아냥댔지만 내가 하는 말을 듣지 못했는지 대꾸도 없다. 나도 힘을 보탤 생각으로 애초기 옆에 바짝 쭈그리고 앉았다. 이리저리 애초기를 살펴보았다.
"여기다!"
기름이 들어가는 투명 호스가 낡아서 끊어진 게 아닌가. 지난해 벌초할 때 기름이 조금씩 샜던 것이 생각이 났다. 고장 난 부분을 찾으니 무척 반가웠다. 남편은 애가 타던 터라 내 말에 귀가 번쩍 뜨였던지
"아, 이거였구나!"
하며 고장 난 부분을 바라보더니 겸연쩍어했다. 남편은 고장이 났을 거라고는 생각조차 못하고 시동을 걸려고 몽땅 힘만 쏟고 있었다. "기술자는 당신이네." 남편의 한 마디에 우리는 서로 바라보며 웃었다.
위로 시조부님부터 조상님들의 산소는 정읍 선산에 모셔져 있다. 이분들의 벌초는 선산을 관리하는 분이 하기 때문에 신경을 쓰지 않아도 된다. 시아버님의 산소는 우리 마을에서 가까운 곳에 모셨는데 시어머님이 돌아가신 뒤 삼례로 이장하여

지금은 두 분이 나란히 같이 있다.

20년 전의 일이다. 추석 명절이 다가오면 남편의 일이 무척 바빠졌다. 건설 일을 하기 때문에 거의 쉬는 날이 없다. 비가 오는 날에는 가끔 쉬지만 비가 오면 벌초할 수가 없기에 남편은 추석이 가까워지면 달력을 보며 고민한다.

해마다 시간에 쫓기며 바쁘게 벌초하는 남편의 수고를 덜어주기 위해 내가 도와 줘야겠다는 생각으로 남편이 일을 나간 뒤 몰래 벌초하러 나섰다. 그때는 지금처럼 풀을 베는 예초기가 귀해서 낫으로 벌초해야 했다. 옆집 아저씨께 낫을 갈아 달라고 부탁하여 막내딸은 업고 다른 딸들은 손을 잡고 물과 음료수 과자를 사들고 시아버님 산소로 갔다. 소풍 가는 기분이었다. 어린 딸들도 엄마와 함께 가는 것이 좋았던지 깡충깡충 뛰며 따라왔다. 남편을 깜짝 놀라게 해줄 요량이었다. 생각만 해도 기분이 좋았다. 시아버님 산소 앞에서 딸들과 큰절을 올렸다. 그리고 딸들은 산소 옆에 가지고 온 돗자리를 펴고 간식을 먹으며 놀게 했다. 어린 딸들도 넓은 풀밭에서 뛰어 놀며 좋아했다. 쉽게만 생각했던 벌초는 생각만큼 쉽지 않았다. 땀을 뻘뻘 흘리며 열심히 했지만 능률이 오르지 않았다. 재미있게 놀던 딸들이 모기에 물려 가렵다고 울기 시작했다. 밝은 낮인데도 산에는 모기들이 극성을 부렸다. 마음은 급하고 가지고 온 낫은 무디어져 풀이 잘 베어지지 않았다.

"정말 장난이 아니네. 괜히 시작했구나."

포기하고 싶기도 했다. 그렇다고 조금 남았는데 남겨두고 갈 수도 없었다. 손에는 물집이 생기고 터져 쓰리고 아팠다. 남편을 따라 조금 거들어 줄 때는 금방 할 것처럼 쉬웠는데 혼자 하려니 무척 힘이 들었다.

"젊은 색시가 벌초를 다하고, 참 고맙소."
하며 저쪽에서 벌초하던 같은 마을에 사는 할아버지께서 오더니 말씀하셨다. 젊은 새댁이 애기들을 데리고 벌초하는 모습이 어설퍼 보였던지 능숙하게 낫을 움직여 벌초를 도와주셨다. 워낙 농사일이 몸에 배인 분이라 금방 끝냈다. 하늘에서 내려온 구세주 같았다. 시아버님 산소를 깔끔하게 벌초했으니 남편에게 칭찬을 들어도 마땅한 일이었다. 깜짝 놀라게 해주고 싶어 남편이 퇴근해서 돌아오기를 기다렸다. 남편이 현관으로 들어서자마자 자랑했다. 칭찬을 해 주리라 생각했던 남편은 시키지 않은 일을 했느냐며 큰 소리로 야단쳤다. 애썼다고, 수고했다고 등을 다독여주어도 되련만 남편은 속마음은 숨기고 퉁명스럽게 표현하고 있다.

뜨거운 햇볕 아래서 힘들게 고생했는데 야단을 치는 남편이 야속했다. 남편도 아내가 고생했을 것을 뻔히 알기에 안쓰러운 표현을 그렇게 했을 거라는 걸 읽을 수 있었다.

결혼하기 3년 전에 시아버님은 돌아가셨다고 했다. 시아버님의 모습은 벽에 걸린 초상화가 전부였다. 옛날에는 카메라도 귀하던 때라서 사진이 한 장도 없었다. 벽에 걸린 시아버님의 초상화와 시어머님과 남편이 들려주는 이야기로 그분의 모습과 성품이 어떠했을지 짐작할 뿐이다. 초상화에서 느껴지는 시아버님의 성품은 완고함도 보였지만 인자하고 좋으셨을 것 같았다. 만약 살아계셨더라면 시아버님의 사랑을 듬뿍 받을 수 있어 더 좋았을 것을.

봄맞이

　봄비가 차분하게 내려 대지가 촉촉이 젖었다. 겨우내 땅속에서 동면하던 새싹들이 기뻐 환호성을 지르는 듯하다. 이번에 내린 비는 정말 봄을 소생시키는 단비였다. 나무는 곧 파란 잎을 뾰족하게 내밀 것이고 땅속에서 숨죽이고 있던 새싹들은 파릇파릇 앞을 다투며 세상 구경을 하러 나올 것이다. 성급한 나무들은 가녀린 꽃잎부터 선보이며 아름다운 자태를 뽐낼 테지.
　예로부터 집 안에 손님이 오거나 명절이 다가오거나 해가 바뀌면 으레 집안 대청소를 하는 것은 예의였다. 오늘은 마침 그 생각이 나서 봄맞이 집안 대청소를 했다. 넓은 마당 구석

구석에서부터 대문 밖 골목까지 깨끗하게 쓸었다. 텃밭에 흩어진 종이와 과자 봉지 등 쓰레기까지도 말끔히 치웠다. 겨울 동안 세찬 바람에 날려 밖에서 우리 집으로 날아 들어온 것들이다. 우리 집 텃밭 가장자리 감나무에서 웃자란 가지를 잘라 놓았던 것까지 모두 태워 텃밭도 깨끗하게 정리했다. 나무 타는 냄새가 너무 좋았다. 옷장 정리며 냉장고 청소까지 깔끔하게 끝냈다. 대청소를 하면서 음식을 많이 하는 나쁜 습관도 찾아냈다. 나쁜 습관을 버리기로 마음먹었는데 며칠이나 갈지.

지난가을 텃밭 한쪽에 배추를 심었다. 조금 늦게 심은 탓에 속이 꽉 차지 않아 김장을 하지 못하고 그대로 남겨 놓은 배추가 있다. 겨울이 너무 추워 꽁꽁 얼었다. 얼었다 녹았다 반복하면서 파란 배추가 가랑잎처럼 말라 버렸다. 모두 얼어 죽었거니 했는데 이른 봄 따뜻해진 날씨에 파릇파릇 속잎을 드러내고 있었다. 신기했다. 그토록 모질게 추운 겨울을 어떻게 견뎠을까? 이것을 봄동이라 부른다. 봄동을 캐어 소쿠리에 수북하게 담았다. 겉절이를 하려고 깨끗하게 손질을 해놓았다. 봄을 타는 탓에 입맛이 뚝 떨어졌다. 파릇한 봄동을 바라보기만 해도 입맛이 돌아오는 것 같았다. 냉이와 가느다란 달래도 간간이 있었다. 눈을 크게 뜨고 찾아다니며 빠짐없이 캤더니 한 끼는 충분히 먹을 것 같다. 바쁘게 손질하여 저녁 식탁에 냉잇국과 달래무침, 봄동 겉절이를 올려놓았다. 봄 향기가 집 안에 가득했다.

봄이 되면 제일 먼저 우리 집에 찾아오는 손님은 제비다. 제비는 초가집이나 기와집의 처마 밑에 집을 짓는다. 우리 집에도 제비집이 있다. 우리 집은 벽돌과 콘크리트로 지은 현대식 건물이라 제비집을 짓기에는 정말 어려울 것 같았다. 그러던 어느 날 검불이 섞인 진흙을 물어다 나르기 시작하더니 반듯한 벽에 기술적으로 집을 뚝딱 지어 놓았다. 보고 또 보아도 진짜 신기하다. 아마 제비 중에도 집을 잘 짓는 건축기술자 자격증을 가지고 있는 제비가 있는가 보다. 거침이 없는 콘크리트 벽에 집을 지어 놓았으니 말이다.

올해는 새로운 걱정이 생겼다. 조금 있으면 강남 갔던 제비가 다시 찾아올 텐데 작년 여름 집을 리모델링하면서 제비집을 철거하고 둥지가 있던 베란다를 투명한 유리로 깔끔하게 막아 놓았으니 말이다. 이제는 제비가 들어올 틈이 없다. 제비가 찾아올 거라는 생각은 당치도 않은 나만의 생각이다. 봄맞이를 준비하다가 문득 제비 생각이 떠올랐다. 봄부터 여름까지 한 가족처럼 살았는데 어쩌면 좋단 말인가.

아침 동이 틀 무렵이면 지지배배 부르는 노랫소리가 안방까지 파고들어 하루를 제비와 함께 시작했다. 자연과 더불어 사는 참맛을 느꼈었는데 걱정이다. 작년에 우리 집에서 살던 제비가 다시 돌아오면 얼마나 실망할까?

새들 중에서 사람과 가장 가깝게 밀접한 관계를 가지고 사는 새는 제비다. 대부분 새들은 사람들을 멀리하지만 제비는 사람이 사는 처마 밑에 둥지를 튼다. 사람을 무서워하지도 않는다. 항상 좋은 노래를 들려주고 사람에게 해로운 벌레를 잡아먹고 사는 이로운 새다.

언젠가는 이런 일도 있었다. 어미제비의 우는 소리가 다른 때와 다르게 다급하게 들렸다. 얼른 나가 보았다. 새끼제비가 어미가 물어다 주는 먹이를 받아 먹으려다 그랬는지, 아니면 배설물을 배출하다가 그랬는지 처마 밑에 떨어져 있었다. 다행히 다리도 부러지지 않고 상처가 없이 멀쩡했다. 높은 의자를 놓고 올라가 둥지에 넣어 주었다. 퇴근해서 돌아온 남편에게 하마터면 큰일 날 뻔한 제비새끼 추락사고 이야기를 해주었더니

"내년에는 제비가 강남에서 돌아오면서 흥부네 집처럼 박씨를 물어다 주겠네!"

하는 것이었다. 하지만 아무리 집 주위를 사방으로 둘러보아도 제비집을 지을 만한 곳이 없다. 곧 제비가 다시 찾아올 텐데 어쩌면 좋을지 딱하기만 하다.

제비가 들락거리는 모습을 보면 우리 집에 행운을 물고 들어오는 것처럼 좋았다.

어미제비가 먹이를 물고 올 때마다 새끼들은 부산해지고 노란 부리의 입만 벌리고 다투어댄다. 어미가 먹이를 넣어 주는 모습을 보면 애잔하기도 하고 신비스럽기도 하다. 둥지 안에 새끼들이 배설해 놓은 오물도 물어내어 수시로 치운다. 어

미제비는 정신없이 들랑날랑 바쁘다. 제비집 밑에는 제비 똥이 떨어져 하얀 반점이 생긴다. 둥지 밑바닥이 지저분하여 신경이 쓰인다. 물로 씻어내는 수고를 덜고 싶어 신문지를 펴 놓고 돌멩이로 눌러 놓는 꾀를 써보지만 매번 허사다. 바람에 날려 신문지는 금방 도망가 버린다. 널빤지를 둥지 밑에 달아 주고 싶지만 쉽지가 않다. 이렇듯 제비가 오면 신경이 쓰이기 마련이다. 그래도 봄이 오면 제일 먼저 제비가 기다려진다. 요즘엔 제비를 보기가 어렵다. 그러니 제비가 우리 집에 둥지를 틀면 행운이 아닌가?

예전에는 시골에서 제비들이 빨랫줄이나 전깃줄에 나란히 앉아 있는 풍경이 자주 눈에 띄었다. 그러면 어른들은 회의를 한다는 둥, 비가 오려고 그런다는 둥, 각자 생각들을 이야기하곤 했다. 요즘엔 환경오염으로 제비들이 살기 어려운 환경으로 변해 버렸다. 한편 건물들이 현대화되면서 귀한 제비들이 둥지를 틀 자리도 잃어간다. 옛날처럼 제비를 우리 집에서 살게 하는 방법은 없을까?

4월 초순이면 우리 집은 꽃으로 만발한다. 제일 먼저 살구꽃이 피고 그다음엔 목련, 앵두꽃, 배꽃, 철쭉꽃, 장미 등 여러 가지 꽃들이 집을 화사하게 만든다. 나비와 벌들이 날고 이름 모르는 새들까지 모여들어 아름다운 하모니를 들려준다. 나는 기쁨과 설렘으로 봄이 오기를 기다리고 있다.

빈 둥지

　친정 마을 어귀에 오래된 은행나무 한 그루가 터줏대감처럼 버티고 서 있다. 노란 은행잎이 늦가을 찬 서리에 살며시 옷을 벗기 시작했다. 튼실한 은행나무 높은 곳에 숨어 있던 까치집이 나타났다. 큰 나무에서 정겹게 울던 까치는 홀로 계신 우리 어머니의 친구가 되었다. 까치가 친정 울안의 감나무 위에 앉아 우는 날에는 혹시 자식들이나 반가운 손님이 오지 않을까 먼 길을 내다보고 계신다.
　어머니께서는 감나무 높은 곳에 까치밥으로 감 2개를 남겨 놓으셨다. 까치는 어디로 날아가 버렸는지 감이 까치를 기다리다가 홍시가 되어 위태롭게 대롱대롱 매달려 있다. 홍시는 바람이 불면 더 위태롭게 흔들리고 있었다. 어디로 이사했을까? 까치는 보이지 않고 빈 둥지만 쓸쓸히 남아있다. 이른 봄부터 부러진 작은 나뭇가지와 삭정이들을 주워 모아 얼기설기 쌓아올려 보금자리를 만들었다. 나무 밑에서 바라보는 까치집은 비가 오면 비에 젖고 눈이 오면 눈을 맞는 엉성한 집이지만 거센 바람과 태풍에도 날아가지 않는 아주 훌륭한 집이다. 그 안에 알을 낳고 부화시켜 새끼들을 데리고 다니며 떼를 지어 놀곤 했었다. 마을 어귀는 까치의 놀이터가 되었고 까치의 노랫소리는 바쁜 농사일에 지친 마을 사람들을 위로하는 힘이 되었다. 새끼들에게 나는 연습을 시키더니 자립심을 키워 새로운 삶의 터로 분가시키고 어미도 어디론가 떠나버렸나 보다. 덩그러니 빈 둥지만이 찬바람에 부대끼고 있다.

　오늘은 우리 가족들이 친정에 모여 김장하는 날이다. 한 해 동안 열 집이 넘게 먹어야 하는 김치를 담근다. 이른 아침부터 어린 자식들과 옹기종기 모여 살던 둥지로 하나둘 모여들기 시작한다. 딸자식은 출가시키고 아들자식은 모두 분가시켜 자식들을 모두 떠나보낸 큰 집에 홀로 계셨으니 빈 둥지를 지키고 계신 셈이다. 전주에 사는 자식들은 물론 익산과 서울에 사는 자식들도 모두 내려왔다. 저마다 김치 통을 몇 개씩 들고 들어선다. 자식들을 보니 어머니께서는 즐겁고 행복하신 모양이다. 굽은 허리를 제대로 펴지도 못하고 구부정한 새우등을 한 채 달려나가 반겨 주신다. 자식들이 모두 모여 기분이 좋아서인지 어머니의 표정이 어느 때보다 밝아 보인다. 마당에는 밭에서 뽑아 온 배추가 수북하게 쌓인 채 우리 남매들의 손을 기다리고 있다. 500포기나 된다고 한다. 이 배추가 김치로 변신하려면 6남매가 서로 합심해서 이틀 동안 부지런히 담가야 할 분량이다. 조금이라도 당신의 자식들이 힘들까 봐 갖가지 양념들을 미리 준비해 두셨다. 그 많은 생강과 마늘, 파들을 손질하느라 얼마나 허리가 아프셨을까? 어머니는 전혀 힘든 표현을 하지 않으신다. 그저 자식들에게 한 가지라도 더 주고 싶어 분주하게 돌아다니며 챙기신다.

소금에 절인 배추를 씻어 물기를 적당히 뺀 다음 김장이 시작되었다. 젓갈에 고춧가루를 넣고 갖은 양념을 넣어 힘이 센 남동생들이 돌아가며 저으며 섞었다. 500포기를 담가야 할 분량이라 무척 많았다. 다른 해보다 농사가 잘되어 배추포기가 커 김치가 많을 것이라며 고추양념도 더 많이 만들었다. 김장하는 날만은 너나 할 것 없이 빨간 고무 손이다. 코를 자극하는 고추양념 냄새가 너무 맛있게 났다. 노란 배추 속을 고추양념에 묻혀 참깨소금을 쿡 찍어 한입씩 넣어 준다. 입 주변은 빨간 고추물이 묻고 얼굴에도 고추물이 튀어 빨간 점이 생겼다. 서로 얼굴을 보고 깔깔대며 웃기도 했다.

옛날이야기와 살아가는 이야기들을 하며 깔깔대는 웃음 소리는 담을 넘어 이웃의 부러움을 샀다. 어머니께서 농사지은 배추와 고추양념, 남매들의 정과 사랑까지 넣어 즐겁게 웃으며 담그는 김장김치가 맛이 없을 리 없다. 맛있게 담근 김치를 각자 김치 통에 담아 마당 한쪽에 수북하게 쌓아 놓았다. 지나가는 마을 사람들은 김치공장 같다며 놀라는 표정들이다.

 김장을 마치고 하나둘 짐을 챙겨 각자 집으로 떠날 채비를 한다. 어머니께서는 참깨와 팥, 콩을 챙겨 골고루 자식들 숫자만큼 보따리를 만드신다. 혹시 한 가지라도 빠뜨린 것은 없는지 분주하게 뭔가를 더 찾아 돌아다니신다. 가볍게 들고 왔던 빈 통들을 무겁게 채워 끙끙대며 각자 차에 실었다. 제일 먼저 서울에 사는 동생이 시동을 걸고 여러 남매들의 배웅을 받으며 떠났다. 뒤이어 하나둘 모두 훌쩍 떠나고 나니 넓은 집에는 또 어머니만이 홀로 남았다. 북적이던 집이 산속의 조용한 절간 같다. 얼마나 허전하실까. "잘 가거라."하시며 손을 흔들어주시는 어머니의 모습이 점점 멀어져 보이지 않는데도 자꾸 뒤돌아봐진다. 자식들이 모두 떠나고 어머니만 홀로 계신 친정집은 까치의 빈 둥지와 다를 바 없다.

사람의 향기

"꽃의 향기는 십 리를 가지만 사람의 향기는 천 리를 간다."
 꽃향기가 진하고 그 향기가 멀리까지 간다고 하여 천리향이란 꽃나무가 있다. 하지만 그 향기가 어찌 천 리를 가겠는가. 아무튼 이 나무는 그 향기로 인하여 많은 사람들의 사랑을 받고 있다. 그러나 꽃에만 향기가 있는 것은 아니다. 사람에게도 향기가 있다. 사람의 향기는 꽃의 향기보다 더 멀리 간다. 아니 공간도 시간도 없이 영원히 우리의 가슴을 적셔준다.
 어느 날 단출한 모임에 갔다. 그 자리에는 몇 명의 회원들과 평소 존경했던 정치인 한 분도 오셨다. 정기적으로 모이는 모임이 아니라 가끔 분기별로 날을 잡아 모임을 갖는다. 그

정치인은 소탈하고 거리감 없이 대해주시는 분이다. 주민을 위해서라면 작은 일에도 최선을 다하는 모습이 더욱 대단해 보였다. 그분을 보면 주민을 대신해서 발로 뛰는 참일꾼이라는 것을 느낀다. 전혀 우쭐대거나 교만과 위선이란 것은 찾아볼 수 없고 말을 앞세우지 않는 분이다. 나보다는 상대를 먼저 생각하고 배려하신다. 그날 그분이 인사말을 하면서 좋아하는 말이라며 말씀을 해주셨다. 회원들 모두 공감이 가는 듯 고개를 끄덕이며 감동을 받았다.

꽃이 저마다 색깔과 향기가 다르듯이 사람도 각자 독특한 향기를 갖고 있다. 언제나 기분을 좋게 해주는 향기가 나는 사람이 있고, 하찮은 일에도 인상을 찌푸리게 하는 나쁜 냄새를 풍기는 사람도 있다. 사람에게서 나는 아름다운 향기는 다른 사람에게 잔잔한 감동을 준다. 그래서 사람에게도 색깔과 향기가 있다고 표현한다.

꽃은 나무가 피워내는 아름다운 존재다. 꽃은 저마다 지닌 향기가 있다. 가까이 갈수록 더 진한 향을 맡을 수 있고 좋은 향은 또 멀리까지 유혹한다. 사람의 향기도 마찬가지다. 사람의 좋은 향기는 멀리 사방으로 퍼져간다.

좋은 향기든 역겨운 냄새든 사람에게는 그 인품만큼의 향기가 난다. 사람이 내는 가장 좋은 향기는 말에서 나온다. 따뜻한 마음이 담긴 말이나 사랑이 가득 담긴 좋은 말은 그 향기가 멀리 갈 뿐만 아니라 풍김이 오래 간다. 사람에게 풍기는 사람의 향기는 바람이 없어도 사람에게서 사람에게로 계속 전달된다. 그래서 천 리까지 갈 수 있다. 동료나 이웃에게 따뜻이 대한다면 꽃향기가 아무리 좋다고 한들 감미로운 사람의 마음만은 못할 것이다. 이런 마음을 정이라고 해도 좋겠다.

하지夏至에 접어든 요즘 넝쿨장미들이 활짝 피어 있는 담장을 어렵지 않게 볼 수가 있다. 넝쿨장미는 흔히 철조망과 같은 투시형 담장 안에 심는다. 담장 밖으로 줄기를 내밀고 피어 있는 꽃송이도 수없이 많다. 하물며 우리 사람들 중에도 몸과 마음이 따로따로인 사람들이 더러 있다. 쉽게 말해 주인의 배려를 등지고 담 너머 누군가에게 정신을 팔고 있다고나 할까? 그런 사람을 보고 넝쿨장미에 비유하여 '넝쿨장미의 속성을 지닌 사람'이라고 한다. 이런 사람에게도 향기가 있다고 할 수 있을까?

아주 강한 향기를 뿜다가 금방 잊히는 사람보다 끊임없이 은은하게 풍기어 많은 사람들에게 좋은 느낌을 주는 사람이 되어야 한다. 사람의 향기는 향수처럼 가공해서 만들어진 냄새가 아니다. 살아온 그대로 솔솔 가슴에서 묻어난다. 꽃향기나 향수는 바람결을 따라 스쳐가지만 사람의 향기는 많은 사람의 마음을 움직이게 한다. 사람의 좋은 향기는 악한 사람을 선하게 만드는 마술도 지녔다.

그러나 자못 물질만능을 추구하는 현대사회에서 사람의 향기가 사라져가고 있다. 인정이 물씬 배어 있는 사람의 향기가 그립다. 각박한 세상에서 서로 양보하고 격려와 칭찬을 통하여 인정이 넘치는 좋은 사회로 발전해 갔으면 좋겠다.

"장미를 전하는 사람에게서는 장미향이 난다."

어찌 사람에게서 장미향이 나겠는가. 좋은 일을 하거나 아름다운 마음을 가진 사람은 아름다운 향기가 난다는 말일 게다. 좋은 일을 하고 좋은 생각을 하며, 우리에게 아름다운 마음을 전파하는 좋은 사람들이 많았으면 좋겠다.

덕이 있는 사람 주변에는 좋은 향기가 있어 사람들이 많이 모이게 된다. 이 아름다운 향기는 멀리멀리 퍼져 나가게 된다.

행복은 향수와 같아서 먼저 자신에게 뿌리지 않으면 다른 사람에게 행복의 향기를 전할 수 없다. 구수한 냄새가 나는 사람이 많은 사회가 되었으면 좋겠다. 나도 아름다운 향기를 풍기는 사람이 되고 싶다.

사위사랑은 장모

가을에 수삼을 사다가 직접 솥에 9번을 찐 뒤 그늘에서 말리기를 반복하며 정성스럽게 단단하고 빨간 홍삼을 만들어 놓았다. 한 해 동안 우리 식구들이 먹을 건강식품이다. 지금도 주방에 있는 홍삼제조기에서 진한홍삼 액을 우려내고 있다.

이번에 달이는 것은 사위 몫이다. 예로부터 사위사랑은 장모라고 했다. 이번 주말에는 둘째 딸과 사위가 경기도 부천에서 내려오겠다는 연락이 왔다. 설날에는 사위가 특별근무를 해야 하기 때문에 설날 전에 미리 내려온다고 했다. 친구들은 "그 집에 사위가 오면 상다리 부러지겠네!" 하며 놀림 아닌 놀림을 퍼붓는다. 그것은 아마 내 손이 커서 뭐를 하든 조금

하지 못하고 몽땅하기에 하는 말이다. 둘째 딸이 결혼한 지가 9개월째다. 아직은 사위가 어렵지만 우리 식구가 한 명 더 늘어서 마음이 든든하다. 아들이 없고 딸만 있는 우리 집에 사위가 오면 남편과 사위까지 남자가 둘이라서 마음이 흡족해진다. 가까이 살면서 자주 오가며 식사도 같이 하면 빨리 정이 들겠지만 멀리 살다 보니 아직은 사위가 조금 어렵다.

 딸과 사위가 내려온다는 날이 아직 3일이나 남았다. 무엇을 맛있게 해줘야 할지 마음이 급하다. 사위가 무슨 음식을 좋아하느냐고 딸에게 물었다. 뭐든 다 잘 먹는다고만 한다. 엄마가 힘들게 여러 가지 준비할까 봐서 그렇게 말하는 딸의 마음도 알고 있다. 그래도 이것저것 마음속으로 식단을 짜고 있다. 장독항아리에서 숙성시킨 김장김치와 동치미는 감칠맛이 난다. 그리고 직접 도토리를 빻아다 손질해서 쑨 도토리묵은 우리 집 행사에 빠지지 않는 토속음식 중 하나다. 좋아할 만한 음식과 내가 자신 있게 만들 수 있는 몇 가지 음식을 생각해 놓았다.

 남들은 손님이 집에 오면 외식을 많이 한다지만 나는 거의 외식을 하지 않는다. 직접 시장에 가서 재료를 사다가 음식을 만들어 대접한다. 음식 솜씨가 자랑할 만큼 뛰어나서도 아니다. 음식점은 식사를 마치고 부랴부랴 자리를 일어나야 하니 집처럼 여유롭지 못하다. 어쩌다 서울에서 공부하는 딸이 내려오는 날에는 특별한 음식을 사주고 싶어 "나가서 맛있는 것

사줄까?" 하면 집에서 엄마가 해주는 음식이 맛있다며 집에서 먹자고 한다. 결혼한 뒤에도 직장생활을 하는 둘째 딸은 편하고 먹기 좋게 만들어 놓은 가공식품들을 자주 애용한다고 했다. 가깝게 살면 자연 토속음식이나 전통음식을 자주 만들어 주겠지만 멀리 있으니 마음뿐이다.

옛날에는 사위가 처가에 오면 씨암탉을 잡아 준다고 했다. 그만큼 귀한 손님이란 뜻이다. 백년손님이라고도 했다. 이 또한 사위 대하기가 쉽지 않다는 뜻이다. 지금은 사위를 아들처럼 생각한다고들 하지만 사위가 아무리 편하게 대해주고 서로 잘해도 아들과 같을까? 아들과 사위의 몫은 다를 것 같다.

남들은 나에게 딸이 많아 비행기 탈 일이 많을 거라며 부러워한다. 요즘엔 그만큼 여자들이 모든 권한을 갖고 있고 여자들의 능력이 높아져서 하는 이야기다. 그렇다고 딸을 둔 부모들이 대접받기를 바라고 하는 이야기는 아닐 것이다. 부모는 부모로서의 할 일을 다해야 되고 자식은 자식으로서의 도리를 다할 때 부모도 자식도 마음이 편하고 행복하다. 서로 바라기보다는 사랑을 주었을 때 비행기를 타는 기분이지 않을까? 꼭 비행기를 타서 비행기를 탄다고 한 것은 아니다. 나는 그럴 때마다 이렇게 말한다. 딸이 비행기를 태워 줄 만큼 부모가 딸의 인성을 잘 가르쳐야 된다고.

사회 초년생 딸을 보며

　세월은 참 빠르다. 어려서부터 유난히 엄마 곁을 졸졸 따라다니던 셋째 딸이 의젓한 교사로 사회 초년생이 되었다. 어릴 때는 잔병치레를 자주 해서 내 마음을 많이 아프게 했던 딸이었는데 심성도 착하고 건강하게 잘 커줘서 고마웠다. 셋째 딸이 아장아장 걸어 다니던 때가 엊그제 같은데 벌써 대학을 졸업하고 초등학교 교사가 되었으니 기쁘기 한이 없다.
　부모 마음은 다 그럴 것이다. 어려서 유치원에 입학할 때는 아이들과 잘 어울릴 수 있을까? 초등학교에 들어갈 때면 공부를 잘할 수 있을까? 중·고등학교에 들어가면 친구들과 어울려 나쁜 길로 빠지지는 않을까? 대학에 들어가면 선택한 전공과

목이 적성에 맞아 취업하는 데 도움이 될까? 항상 조바심으로 지켜보며 뒷바라지를 한다. 나름대로 최선을 다했지만 부족한 것이 많은 엄마였다. 행여 다칠세라, 마음에 상처는 입지나 않을까. 마음 조이며 키웠다. 남들보다 부족한 것이 많기에 애는 더 타며 키웠다.

부유하지 않아 초라한 생각을 해보거나 그들을 부러워해 본 적은 없다. 현실에 만족하고 주어진 생활 속에서 행복을 찾으며 최선을 다해 성실하게 살았다. 자식들에게 보여준 것은 열심히 사는 모습뿐인 것 같다. 하지만 딸들에게 다른 부모들보다 넉넉하게 해 주지 못해 마음 아파한 적은 많다. 그래도 딸들이 이만큼 아무 탈 없이 투정도 부리지 않고 사춘기도 모르고 자랐으니 이보다 좋은 일이 어디 있겠는가.

큰딸이 초등학교 6학년, 둘째 딸이 5학년, 셋째 딸이 1학년, 막내딸이 같은 학교 병설 유치원에 다니던 가을 소풍 때의 일이다. 전주 덕진공원 옆에 있는 동물원으로 소풍을 갔다. 아침에는 날씨가 무척 좋아 비가 오리라고는 예상하지 못했다. 점심을 먹고 나니 서쪽 하늘에서 먹구름이 일며 비를 몰고 오고 있었다. 화창하던 날이 갑자기 어두컴컴해지기 시작하더니 금방 소나기를 퍼부을 기세였다. 아침 날씨가 너무 화창해서 우산을 준비하고 소풍을 간 학생은 아무도 없었다. 나는 집에서 아이들이 걱정되어 다급한 마음에 우산을 준비하여 택시를 타고 동물원으로 갔다. 동물원에 도착하자마자 소나기가 퍼붓기 시작했다. 그 많은 사람들이 이리 뛰고 저리 뛰고 아수라장 같았다. 막상 동물원에 도착하니 소풍 온 학생들뿐만 아니라 관광객과 구경 나온 시민들까지 인산인해를 이루어 찾을 길이 막막했다. 사람들은 비를 피할 수 있는 곳이라면 어디든 뿔뿔이 흩어져 있었다. 건물 처마 밑에 옹기종기 모여 있는 학생도 있고 소나기를 피하느라 나무 밑으로 피했지만 뚝뚝 떨어지는 빗물을 맞으며 서 있는 사람도 있었다. 많은 사람들이 쏟아지는 소나기를 피하기에는 장소가 너무 좁았다. 우리 딸들은 어디에 있을까? 한 손에는 우산을 받고 다른 한쪽 손에는 우산 네 개를 들고 정신없이 뛰어 다니며 딸들을 찾았다. 마음이 급했다. 딸들을 찾으며 이리 뛰고 저리 뛰다가 같은 학교 학생을 만났다. 정말 반가웠다.

"얘야, 우리 애들 안 보았니?"

"모르겠어요."

그래도 뛰어 다니며 두리번두리번 딸들을 찾았다. 한참 돌아다니며 찾아도 우리 딸들은 보이지 않고 여자아이들을 보면 모두 우리 딸들만 같아 보였다. 그러다가 같은 학교 셋째 딸 반 학생을 만났다.

"얘야, 우리 가애 안 보았니?"

"저쪽으로 갔어요."

큰 나무를 손으로 가리켰다. 손으로 가리키는 쪽으로 허겁지겁 뛰어갔다. 우리 딸들 넷이 큰 나무 밑에 모여 웅크리고 서서 비를 피하고 있었다. 소나기가 나뭇잎을 타고 내려와 나무 밑에서 비를 피하려던 딸들의 옷을 다 적셨지만 그렇게나마 모여서 비를 피하고 있다니 대견스러웠다. 학년이 다르니 따로 떨어져 놀았을 텐데 그 상황에서도 언니와 동생을 찾아 네 자매가 같이 모여서 비를 피하고 있었다. 딸들을 보는 순간 어느 때보다도 예뻤다. 딸들이 어려서는 조잘대며 병아리들처럼 싸우기도 했다. 그럴 때마다 서로 이해하고 양보하며 사는 거라고 타이르기도 하고 혼을 내기도 했다. 그럴 때면 시어머님은 "병아리들이 싸우면서 크듯 애들은 그렇게 이해하고 양보하는 법을 배우며 크는 거란다." 하셨다.

집에서는 서로 많이 차지하겠다고 서로 먼저 하겠다고 욕심을 부리기도 했다. 나무 밑에 모여 있는 딸들의 모습이 너무 기특하게 보였다. 한 살 두 살 나이를 먹어가면서 우애하며 크는 모습에 뿌듯함을 느꼈다. 단정하게 차려 입고 출근하는 딸의 뒷모습이 너무 예쁘다.

아이들을 가르치는 교사의 길을 선택했으니 존경받는 선생님이 되었으면 좋겠다. 심성이 착해 아이들을 좋아하고 어른들도 좋아해서 할머니께도 무척 잘했던 셋째 딸이다. 잘 할 수 있을 거라고 믿지만 어린 학생들이 커서 오래오래 기억에 남을 수 있는 좋은 선생님이 되기를 두 손 모아 간절히 기도해 본다.

새 자전거

　우리 집에 새 자전거가 들어왔다. 새 자전거는 번쩍번쩍 광이 나고 정말 좋았다. 셋째 딸이 내 성화에 못 이겨 사온 자전거다. 비가 와도 비를 맞지 않게 자리를 만들어줘야 했다. 필요할 때마다 손쉽게 탈 수 있게 처마 밑으로 할까? 아니면 조금 불편하더라도 창고 한쪽에 자리를 내줄까? 마땅한 자리를 물색하고 있다. 처마 밑은 비바람이 불면 비를 맞을 것 같다. 창고 앞쪽이 비를 피할 수 있어 좋을 것 같아 그곳으로 자리를 내주었다.

　우리 집에는 자전거가 없었다. 자전거보다 빠른 자동차는 있지만 때로는 자동차보다 자전거가 필요할 때가 있다. 시내를 벗어난 농촌마을에 살다 보니 자전거가 필요할 때가 많았다. 마을에 볼일이 있어 나갈 때나 맑은 공기를 마시며 주변 도로를 한 바퀴 돈다든지 운동할 때는 자전거가 필요했다. 하지만 셋째 딸이 타고 다니다가 잃어버릴까 봐 구입하지 않았다. 자전거를 잃어버린 뒤, 여간 불편한 게 아니었지만 4년 동안 자전거 없이 살았다.

4년 전에는 자전거가 두 대 있었다. 자전거동우회에 참가하며 탔던 내 자전거는 값이 비싼 것은 아니지만 아주 잘 나가는 자전거였다. 또 하나는 전주시에서 자전거타기를 활성화시키기 위하여 추진했던 자전거타기대회에 참가하여 그날 행운으로 받은 새 자전거가 있었는데 모두 셋째 딸이 잃어 버렸다. 아니 잃어버린 것이 아니라 나쁜 사람이 훔쳐 갔다고 해야 맞을 것 같다. 불편하기는 했지만 또 잃어버릴까 봐 사지 않고 그냥 지냈다.

나는 자전거가 필요할 때면 "자전거를 잃어버린 사람이 사 와야지." 하며 셋째 딸을 향해 말을 했다. 셋째 딸이 자전거를 사온 이유가 여기에 있다.

셋째 딸이 고등학교에 다닐 때는 통학시간을 절약하기 위해 아침에 학교 갈 때와 밤늦게 집으로 귀가할 때 자동차로 태워다 주곤 했다. 대학교에 들어간 뒤로는 학교가 멀기는 했어도 버스를 타고 다녔다. 우리 집에서 버스승강장까지는 걸어서 10분 정도 걸린다. 우리 마을에서 전주교육대학교를 경유하는 차를 타려면 한 시간에 한 대밖에 없었다. 버스가 오는 시간을 잘 맞춰 나가야 탈 수가 있다. 만약에 그 시간에 버스를 놓치면 다른 방향으로 가는 버스를 타고 시내까지 나가서 다시 환승을 하거나 한 시간을 더 기다려야 했다. 하지만 수업시간 때문에 어려운 일이다. 시간에 쫓겨 버스를 놓칠까 싶은 날은 가끔 자물쇠도 없는 자전거를 타고 버스승강장까지 가서 자전거 보관하는 곳에 두고 학교에 가곤 했는데 나쁜 사람이 자전거 보관소에 둔 자전거를 훔쳐간 것이다.

자물쇠로 자전거를 묶어 놓아도 잃어버린 사람이 있다고 했다. 하물며 자물쇠로 잠그지도 않고 그냥 두고 가면 잃어버릴까 싶으니 타고 가지 말라고 주의를 주었다. 그래도 시간이 늦어 버스를 놓칠 것 같을 때는 자전거를 타고 갔던 것이다.

"남의 것을 누가 가져가겠어요?"

주의를 주는 나에게 딸은 이렇게 대답했다. 며칠이 지난 뒤 셋째 딸이 허탈한 표정으로 자전거를 타지 않고 걸어서 집에 들어왔다.

"자전거는 어찌하고 걸어 오냐?"

"자전거가 없어졌어요."

주의를 주었건만 남의 것을 누가 가져가겠냐고 하던 순진한 딸의 마음을 나쁜 사람이 아프게 했다. 그 뒤 시간에 쫓겨 버스를 놓칠 것 같으면 헌 자전거를 또 타고 가는 것이었다.

"또 잃어버리려고 자물쇠도 없는 자전거를 타고 가니?"

"이 자전거는 헌 자전거니까 안 가져가요."

아니나 다를까 며칠 뒤 또 나쁜 사람이 훔쳐 가고 말았다. 그때 셋째 딸의 마음이 어떠했을까? 티 없이 맑은 어린 마음에 상처를 주었다.

그 뒤로 자전거를 사지 않았다. 힘들었겠지만 전주교육대학교 4년을 졸업하고 선발고사에 합격하여 초등학교 교사로 발령을 받았다. 의젓한 직장인이 되었다.

"네가 두 대나 잃어버렸으니 한 대는 사와야 되지 않겠니?"라고 자전거가 필요하다고 생각될 때면 셋째 딸에게 말을 했다. 그래서 셋째 딸이 새 자전거를 사온 것이다.

버스에서 내려 자전거가 없어진 것을 알았을 때 어린 마음에 얼마나 실망했을까? 남의 것을 훔쳐간 사람은 무슨 생각으로 세상을 사는 걸까? 남의 마음을 아프게 하고 내가 행복할 수는 없는 법이다. 서로 믿고 살 수 있는 좋은 사회가 되었으면 좋겠다.

성묘 가는 길

　떡갈나무에 뾰족하게 매달려 있는 어린 도토리가 산 입구에서 우리를 반겨 주고 있었다. 아직 철이 이른 탓에 영글지는 않았지만 이파리 뒤에 숨어 반질반질하고 통통한 얼굴을 살며시 내밀고 있는 모습이 너무 예뻤다. 올여름 많은 비에도 잘 견디고 살아남아 주렁주렁 열려 있어 탐스럽고 더 예뻐 보였다.
　산길을 걸어 아버지 산소에 찾아 갔다. 말끔하던 길이 많은 비에 허물어지고 황토는 빗물에 못 이겨 어디론가 떠내려 가 버렸다. 큼지막한 돌과 자갈만이 군데군데 남아있었다. 길이 너무 험하게 변했다. 돌다리를 건너듯 폴짝 뛰기도 하며 조심스럽게 안전한 돌을 밟으며 올라갔다. 산소 가는 길은 잡초를 베어내고 비단길처럼 닦아 놓았지만 폭우로 인해 깊이 파인 골짜기 산길은 길이 아닌 계곡처럼 변해버려 보기에도 좋지 않았다. 아버지께서 살아계실 때 같으면 이렇게 놓아두지는 않았을 텐데…….

  산을 오르면서부터 아버지의 부지런하고 어느 것 하나 빈틈없이 신경을 쓰시던 자상함을 생각하게 했다. 아버지께서 살아계셨다면 분명히 성묫길을 찾는 가족들을 위해서 안전하게 돌과 자갈을 골라놓고 불편하지 않게 만들어 놓았을 것이다. 큰 돌은 쌓아 계단으로 만들고 작은 돌이 나와 있는 곳은 지게에 흙을 담아다 부어 평평하게 골라 놓았지 싶다.

  아버지의 산소가 있는 곳은 그다지 가파르지 않아서 힘들지 않고 적당한 높이 중턱에 있다. 선영들의 산소가 있는 곳에 다다르자 아버지의 산소가 눈에 들어왔다. 산중턱 양지바른 곳, 선영의 맨 아래에서 고이 잠들고 계신 아버지의 산소는 살아계실 때처럼 정갈하고 깔끔하신 아버지의 모습을 보는 듯하였다. 곱게 벌초를 해놓은 산소는 살아계실 적에 이발을 하고 들어오시던 아버지의 머리를 연상케 했다. 아버지는 비록 농사를 지으며 평생 농부로 살았지만 깔끔한 분이셨다. 지난여름의 많은 비에도 잔디는 조금의 손상도 없이 파릇하게 잘 버티고 있어 다행이다.

  산 아래를 바라보며 헉헉거리고 올라와 숨이 찬 가슴을 고르느라 긴 숨을 몰아쉬고 있었다. 친정이 훤히 내려다보였다. 아버지께서는 날마다 어머니가 홀로 계신 집을 내려다보시며 지켜주고 계셨나 보다. 우리가 여기에 서서 집을 내려다보듯 아버지는 살아계실 적에 어머니를 내려다보며 지켜주시려고 선영 아래 이 자리를 선택해 놓으셨나 보다.

성묘를 마치고 주변을 살펴보았다. 아버지께서 돌아가신 뒤 어머니가 자주 고사리를 꺾으러 가시던 곳이 여기였나 보다. 오랜 세월이 지나 이제는 어머니도 다리가 아프셔서 산에 오를 수가 없다. 고사리를 꺾는다는 핑계로 아버지 산소가 있는 이곳에 오고 싶어도 못 오신다. 어머니의 손길이 닿지 않아서인지 고사리가 크고 늙어 무더기로 얽혀 있다. 가는 세월은 어쩔 수 없는가 싶다.

일을 아무리 많이 해도 아프시다는 말은커녕 감기 한번 걸리지 않던 어머니를 마을 어른들은 무쇠 같다고 하셨는데 요즘은 할머니가 되어 팔다리가 아프다고 하며 고통으로 밤잠을 설치기도 하신다.

아버지가 돌아가신 지 14년이 지났다. 집에서 조금 떨어진 뒷산에 아버지의 산소가 있다. 그곳까지는 20분 정도면 걸어서 갈 수 있다. 그런 거리를 아버지는 꽃상여를 타고 훨훨 나비처럼 하늘을 날아 2시간에 걸려 올라오셨다. 아버지께서 자주 드나들며 마을을 위해 일을 하시던 마을회관에서 잠시 꽃상여의 발길을 멈추고 쉬며 마을 사람들과 아쉬운 작별인사를 나누었다. 좋은 사람이 너무 빨리 가셨다며 마을 사람들은 뜨거운 눈물을 쏟아내셨다.

아버지께서 누워 잠드신 곳에 아버지의 시신을 안치할 때는 가슴이 찢어지는 말할 수 없는 아픔을 느꼈다. 세상에 태어나 처음 느껴보는 큰 슬픔이었다.

어두운 땅속에서 어떻게 계실까?

한없이 오래오래 사실 것 같아 다음에 잘해야지 하며 미루기만 하고 못한 효도와 그동안에 했던 일들이 모두 불효인 것만 같아 슬픔이 한꺼번에 치밀어 올라 한없이 울었다.

세월이 약이라더니 아버지를 생각하며 매일 눈물로 보냈건만 차츰차츰 세월이 흐르면서 아버지를 잃은 슬픔은 조금씩 무디어가고 희미해져 갔다. 아버지가 없이는 살 수 없을 것 같더니 아버지의 빈자리와 슬픔은 조금씩 무언가로 채워져 갔다.

추석날, 이른 새벽부터 비가 주룩주룩 내리기 시작했다. 어둠이 가시지 않은 새벽, 창문을 열고 아무것도 보이지 않는 어두운 하늘을 올려다보았다. 쏟아지는 빗소리와 비를 맞으면서도 제철을 맞아 어김없이 울어대는 풀벌레 소리가 빗속을 뚫고 힘차게 들려왔다.

추석이면 차례를 지내고 성묘를 하는 것은 예로부터 내려오는 조상에 대한 예의요, 우리 민족의 풍습이다. 비가 내려 성묘를 못할 것 같아 기분이 편하지 않았다. 다행히 날이 밝기 시작하면서 비가 서서히 그치고 계획했던 대로 아버지 산소를 찾아 무언의 대화를 많이 나눌 수 있었다. 살아계실 때처럼 머리를 쓰다듬어주고 등을 다독여주시는 듯했다. 마음이 한결 가볍고 편해졌다. 부모님은 돌아가셨어도 영원한 마음의 안식이며 언제나 우리 곁에서 등불을 환하게 밝혀 좋은 길로 인도 해주고 계시나 보다.

세뱃돈의 추억

올 설날은 어느 해보다 흐뭇하고 기분이 좋았다. 셋째 딸이 초등학교 교사임용고시에 합격해서다. 워낙 차분하고 성실해서 합격할 거라 믿었지만 막상 합격하고 나니 더 기쁘고 대견했다. 이번 봄 학기에 학교발령을 받을 것 같다. 남을 가르친다는 게 얼마나 좋은 일인가? 우리 딸이 선택했던 대로 교육자의 길을 걷게 되었으니 참으로 좋다. 남편은 내가 애쓴 덕이라며 내 등을 다독여주니 기뻐서 눈물이 났다. 주위 사람들도 모두 축하해 주니 기쁘고 행복한 설날이다.

우리는 익산 큰집에서 차례를 지낸다. 시어머님이 살아계실 때에는 시어머님이 우리와 함께 사셨기에 우리 집에서 조상들의 제사와 차례를 모셨다. 26년 동안 시어머님이 가르쳐 주신 방식대로 정성들여 지냈다. 시어머님이 돌아가신 뒤 시숙님께서 제사를 모셔가기로 했다. 우리가 막내이기는 하지만 우리 집에서 제사를 모시다가 큰집으로 모셔간다고 하니 마음이 편하지 않았다. 많이 망설이다가 시숙님이 장손이니까 모시는 것은 당연하다고 결론을 내렸다. 하지만 처음부터 우리가 모셔서 그런지 조상님들께 도리가 아닌 듯하였다. 솔직히 말해서 큰집에 복을 넘겨주는 것만 같았다. 남편은 언젠가는 형님이 모셔야 하고 우리는 아들이 없으니 큰집에서 모시도록 하자고 나를 설득했다. 그래서 익산 큰집으로 제사와 차례를 모셔가게 되었다.

  설날 아침 차례를 지내고 차례상에 가족이 빙 둘러앉아 덕담도 나누고 재미있는 이야기도 하며 아침 식사를 했다. 올 설날에는 다른 해와 달리 자리가 넉넉했다. 우리 큰딸과 둘째 딸이 빠진 까닭이다. 큰딸은 2월 26일에 치러야 하는 행정고시 1차 시험이 있어 공부 때문에 서울에서 내려오지 않았다. 명절인데 혼자 있으면 얼마나 집에 오고 싶을까 생각하니 마음이 아팠다. 하지만 큰 꿈을 가지고 공부를 하니까 마음을 스스로 다독이며 달랬다. 둘째 딸은 출가해서 시댁으로 갔기 때문이다. 명절에는 아들이 있는 집은 식구가 늘고 딸이 있는 집은 식구가 줄어든다더니 우리 집이 벌써 그렇게 되었다. 아침 식사를 하고 나서 시숙님께서는 조카들과 우리 딸들에게 세배를 하라고 하셨다. 아직은 세배받기가 쑥스러운 나이인데 이런 것들이 모두 교육이라며 우리 부부에게도 자꾸 세배를 받으라고 권하셨다. 하는 수 없이 남편과 나란히 앉아 세배를 받았다. 남편은 셋째 딸 합격 덕분에 기분이 좋아서 그런지 세뱃돈을 작년보다 더 넉넉히 주었다.

예로부터 설날에는 어른들을 찾아뵙고 세배를 다니는 것이 예의이고 풍습이다. 시대가 변하면서 차츰 그런 풍습이 사라지고 지금은 고마운 분들께 선물을 전하는 것으로 변해 가고 있다.

어릴 적 우리 집엔 할아버지와 할머니가 모두 계신 대가족이었다. 마을에서 할아버지는 제일 연세가 많으셨다. 설날이면 차례가 끝나기 무섭게 할아버지께 세배를 오는 분들이 많았다. 동네 사람들은 빠짐없이 다녀가고 멀리 사시는 아버지 친구며 삼촌 친구들까지 세배하러 오는 손님들이 줄을 섰다. 그때마다 어머니께서는 세배 오는 분들에게 설음식과 집에서 직접 빚은 술로 상을 내셨다. 명절 때면 어머니는 온종일 부엌에서 술과 다과상을 차리느라 분주하였으니 무척 힘드셨으리라. 할아버지께서는 찾아오는 분들에게 덕담을 해주셨다. 우리 아이들도 덩달아 여럿이 모여 친구네 부모님들께 세배를 하러 다녔다.

어른들은 "누가 제일 예쁘게 절을 하는가 보자."고 하시며 세배를 받고 50원이나 100원을 주셨다. 아마 그때는 세뱃돈을 받는 재미로 뭉쳐서 세배를 다녔던 것 같다. 누가 얼마를 받았는지 서로 세어 보기도 했다. 그때를 생각하면 웃음이 난다. 지금 50원 100원이면 아주 적은 돈이지만 그때는 적지 않은 돈이었다. 45년 전쯤 되니까 10원이면 진짜 맛있는 하얀 눈깔사탕을 12개나 살 수 있던 시절이었다.

지금은 멀리에 있는 자녀들은 온라인으로 세뱃돈을 통장에 넣어 주기도 한다. 뭐 그렇게까지라고 생각할지 모르지만 군대에 입대한 아들이나 멀리 떨어져 있는 자식들이 애처로워서 세뱃돈을 보내 주고 있다. 이번 설날에는 나도 시험 준비하느라 내려오지 못한 큰딸에게 세뱃돈을 통장에 넣어주고 굶지 말고 꼭 잘 챙겨먹으라고 신신당부를 했다.

세뱃돈을 주는 풍습은 중국에서 유래되었다고 한다. 우리나라를 비롯하여 일본과 베트남 등으로 퍼져나갔다고 하며 원래는 결혼하지 않은 자식들에게만 돈을 많이 벌라는 의미로 붉은색 봉투에 돈을 넣어 주었다고 한다. 중국인들은 붉은색이 행운을 가져다준다고 믿었고 차츰 변해 지금은 결혼한 자식들에게도 모두 세뱃돈을 주곤 한다. 주어서 흐뭇하고 받아서 기쁜 세뱃돈조차도 세월이 흐르면서 자꾸 풍습이 바뀌고 있다. 이 세상에 변하지 않는 것은 없는 것 같다.

소가 울었다

소가 울었다 • 시어머님 사랑 •
아름다운 손 • 아버지의 눈물 •
애기삼촌의 사랑 •
야보고의 고백 • 어머니의 다리가 된 유모차 •
엄마는 거짓말쟁이2 • 외면하고 돌아선 날 •
울보가 된 이야기 • 이별 연습 •

소가 울었다

"신이시여, 제발 날씨를 따뜻하게 해주시옵소서!"
　구제역 방역은 과학이라고 말하는 방역 일선 지휘관인 주이석 농림수산검역검사본부 질병방역부장이 기온이 올라가게 해달라고 기도를 한다는 기사를 신문에서 읽었다. 구제역이 쉽게 잡히지 않기 때문이다.
　2월 1일에는 국내 최대 축산단지인 충남 홍성의 돼지농장에서 추가로 구제역이 발생했다는 TV뉴스를 보았다. 작년 11월 29일 경북 안동에서 시작된 구제역은 소와 돼지 300만 마리, 오리와 닭 수백만 마리를 살처분해야 할 정도로 악화되었다고 한다. 그 주요 원인 중 하나가 영하 10도 안팎을 오르내리는 강추위 때문이라는데 날씨가 추우면 소독약이 효과를 내지 못한다고 했다. 그동안 한파 때문에 소독약을 뿌리면 즉시 얼어붙어 소독약이 닿는 곳만 바이러스가 죽고 닿지 않는 곳에 바이러스가 살아남았던 것이 가장 큰 원인이라고 한다. 도대체 구제역이란 몹쓸 병이 왜 생겨서 나라를 이토록 떠들썩하게 하는지 모르겠다.

공무원들 중 고된 방역근무 때문에 사망한 사람이 9명이나 된다니 보통 심각한 일이 아닐 수 없다. 충주의 한 농장에서 기르던 가축들이 구제역 판정을 받자 60대 농민이 망연자실하다가 음독자살했다는 뉴스도 나왔다. 또 경기도 연천에서 40대 농장주도 음독자살을 시도해 중태에 빠졌다는 보도가 있다. 목숨을 걸 만큼 애지중지 키우던 가축을 산채로 처분해야 한다니 말이다. 정말 가슴 아픈 일이다.

이런 이야기도 나돈다. 구제역에 걸린 어미 소가 살처분장으로 가기 직전에 송아지에게 젖을 먹이며 커다란 눈에서 눈물을 뚝뚝 흘렸다고 한다. 이 광경을 보던 주인도 울고 공무원들도 울고 거기에 모인 모든 사람들이 울음바다가 되었다고 한다. 짐승도 말을 못할 뿐이지 모든 걸 알고 있었던 모양이다. 얼마나 가슴 아픈 일인가? 라디오에서 흘러나오는 소리를 들으며 나도 가슴이 아파 눈물이 났다.

충남 천안, 보령, 당진, 예산, 공주, 아산에 이어 연기와 논산까지 구제역이 발생했다니 긴장을 늦추면 안 될 일인 것 같다. 그래도 아직까지 전라북도와 몇 개 지역은 전염되지 않았으니 얼마나 다행한 일인가? 설 연휴 가족과 함께 즐겁게 보내야 할 공무원들이 휴일을 자진 반납해가며 고생한 덕분이다. 군청에 근무하는 내 동생도 축산과에 근무하는데 요즘 식구들 얼굴 볼 시간이 없다고 한다. 이번 설날에도 방역근무 때문에 가족이 모두 모였는데 동생은 오지 못했다.

예로부터 소는 인간과 밀접한 관계가 있다. 농기계가 발달하지 않았던 농경시대 때는 힘든 일을 소가 모두 했다. 집집마다 소가 있어 쟁기로 논밭을 갈고, 달구지로 거름을 나르며, 모내기를 할 때는 땅을 평평하게 고르는 일까지 모두 소가 했다. 소는 그만큼 농사일에 중요한 역할을 했고 사람들과 정이 많이 든 짐승이다. 어릴 적 우리 집에도 눈이 부리부리하게 크고 통통한 큰 어미 소가 있었다. 어느 때는 송아지도 낳아 어미 소 뒤를 졸졸 따라 다니기도 했다. 지금은 경제수단이 되어 크게는 기업적으로 가축을 기르지만 예전에는 집집마다 소를 한두 마리씩 키워 농사를 짓는 데 이용했다. 또 키워서 시장에 내다 팔아 이익을 남기고 다시 어린 소를 사다가 잘 키워서 어미 소가 되어 새끼를 낳으면 송아지를 팔아 생계를 유지하는 사람들도 많았다.

돌아가신 아버지께서는 어렸을 적에 소에 대한 가슴 아픈 사연이 있었단다. 아버지께서 초등학교 다닐 때 할아버지께서 어린 송아지 한 마리를 시장에서 사오셨는데, 할아버지는 아버지께 "이 송아지를 잘 키우면 팔아서 중학교에 보내주마." 하시면서 풀을 베어다 쇠죽을 끓이는 일을 맡기셨다고 한다. 아버지는 송아지를 키워 어미 소가 되면 팔아서 중학교에 갈 수 있다는 희망으로 송아지에게 정성을 다했다고 한다. 학교에 갔다 오면 숙제보다는 송아지가 먹을 풀을 베러가는 일이 먼저였고 즐거움이었으며 의무였기에 풀을 베어다가 놓고 숙제를 하였다고 한다. 송아지는 무럭무럭 자라서 어미 소가 되었고 아버지가 중학교에 갈 무렵이 되었는데 그해에 흉년이 들어 사람도 먹을 것이 없는 지경이 되어 어미 소를 팔아 식구들의 생계를 이어갈 수밖에 없었다고 한다. 아버지는 하고 싶은 공부를 못하게 되어 많이 우셨고 중학교를 포기할 수밖에 없었단다. 그 옛날에는 먹고 사는 것이 중요하던 시절이었다. 어쩔 수 없이 중학교 공부를 포기해야 했고 서당으로 한문공부를 하러 다니셨다고 했다. 우리 집안에서도 이런 가슴 아픈 사연이 있기에 가축들 중에서 유독 소에게 더 많은 정이 간다.

구제역이 축산농가에 큰 영향을 준다는 것은 다 아는 사실이다. 어디 구제역으로 인해 축산 농가만 피해를 보겠는가? 통행 금지지역 내에서도 통행 금지지역 외에서도 많은 피해가 있다. 그렇지만 온 국민이 협심하여야 한다. 구제역 공포에서 빨리 벗어나 평온을 되찾았으면 좋겠다.

시어머님의 사랑

 마당에 차를 주차하고 활짝 열린 대문을 닫았다. 집 안으로 들어서니 하루를 무사히 보낸 안도의 긴 숨이 나온다. 아무 일 없이 맡은 일을 잘 마치고 퇴근했다는 것에 감사하며 다행이라는 생각이 들었다. 조심하지 않았더라면 큰일 날 뻔했던 일이 있지 않았던가? 그 일이 있은 뒤 종일 가슴을 졸이고 살얼음판을 걷듯 조심조심 운전하며 보냈다.
 어젯밤 꿈에 돌아가신 시어머님을 뵈었다. 그간 시어머님을 꿈에 볼 때면 좋지 않은 일이 생기곤 했다. 자상하고 온화하신 시어머님이고 자식이며 손녀들을 남달리 끔찍하게 생각했던 분이셨다. 나에게는 당신만이 며느리가 있는 것처럼 흉은 감춰두고 자랑만 늘어놓고 다니던 시어머님이셨다. 그런데 돌아가신 뒤, 간혹 꿈에 나타나면 아무 말을 하지 않고 모습만을 보이고 훌쩍 사라지신다. 살아계실 적 같으면 손을 잡고 반갑게 안아주며 다독여주고 집 안의 일들이 궁금해 날이 새도록 물어볼 시어머님이시다. 그런데 꿈속에서는 한 번도 말씀을 하지 않고 깔끔한 모습만을 보여주고 그냥 홀연히 뒷모습을 보이며 사라지신다.

  시어머님이 돌아가신 지 3년이 지났다. 신혼 때부터 26년 동안 시어머님과 줄곧 함께 살았다. 결혼을 며칠 앞두고 남편은 시어머님과 같이 살아야 된다고 조심스럽게 말을 꺼냈다. 남편의 표정으로 보아 내 눈치를 살피는 것 같았다. 나 또한 내 생각과 달랐지만 남편의 뜻이고 남편과 결혼하기로 약속했으니 남편의 뜻을 따라야 한다고 생각했다. 당연히 받아 들였다. 망설임도 없이 그러겠다고 대답하는 나에게 남편은 고맙다고 했다. 자식이 연로하신 부모님을 모시는 것은 당연한 일이었다. 시어머님을 모시겠다고 말하는 남편의 심성이 착해 보여 한편 더 좋았다. 배우자를 잘 선택했구나 싶었다. 고맙다고 말하는 남편에게 홀시어머님을 두고 분가를 생각했던 자신이 오히려 미안하기까지 했다.

  요즘 젊은 사람들은 결혼하면 분가하는 것은 당연하다고 생각하고 부모들 역시 분가시키는 일이 서로를 위해 편하다고 생각하는 게 현실이다. 30년 전에는 부모님을 모시는 일이 결혼을 앞둔 젊은이들에게는 큰 문제가 되었다. 큰아들은 싫다는 둥, 부모님을 모신다는 사람에게는 시집을 안 간다는 둥, 말들이 많았다. 큰아들은 장가를 못 갈 거라는 얘기도 나올 정도였다. 딸자식을 둔 부모들까지도 부모를 모시는 혼처자리는 꺼렸다. 사실은 나도 남편이 막내아들이라서 분가를 할 것이며 시어머님을 모시지 않을 거라는 생각에 은근히 좋아 했다. 중매쟁이도 남편이 막내아들이라 분가할 거라고 했기에 시어머님과 함께 사는 것은 생각하지 않았다. 하지만 남편이 시어머님을 모셔야 된다는 이야기를 할 때 내 생각과 달라 처음엔 조금 주춤하지 않았던가? 남편의 마음씨가 착해 보여 쉽게 결정했을 뿐이다. 시어머님 한 분 모시는 것은 친정에서 조부모님을 비롯하여 대가족이 함께 살았기에 어렵지 않게 생각했다.

   시어머님께서는 내게 정말 잘해 주셨다. 남들이 시어머님과 합이 들었다고 할 정도로 고부간의 갈등이란 전혀 모르고 살았다. 거리감이나 갈등 없이 편하게 지낼 수 있었던 것은 모두 시어머님이 잘해 주셨고 모든 것을 이해하며 잘못이 있으면 감싸주셨던 성품 때문이다. 그 덕에 우리 부부는 효자효부가 되지 않았던가.

   시어머님은 돌아가신 뒤 가끔 꿈에 나타나셨다. 남편은 내가 시어머님을 꿈에 뵈었다고 하면, 꿈속에서라도 한번 뵙고 싶은데 도무지 나타나지 않는다며 자식보다 며느리를 좋아하신다고 샘을 냈다. 문제는 시어머님을 꿈에 보고 나면 다음 날에는 좋지 않은 일이 생기는 것이었다. 남편과 사소한 일로 옥신각신 말씨름을 하다가 서로 삐지기도 하고 예상치 않던 일이 생겨 근심을 하기도 했다. 정말 이상한 일이었다. 살아계실 적에는 자식과 며느리에게 그토록 잘하신 분인데 돌아가신 뒤 꿈속에서 뵈면 왜 그러시는지 이해가 되지 않았다. 그런 일이 있은 후부터 시어머님이 꿈에 뵈면 하루를 시작하는 아침은 매사 조심하게 되었다. 말을 할 때도 생각하면서 하고 길을 걸을 때도, 차를 운전할 때도 조심하게 되었다. 그 뒤부터는 위험한 일을 피해가게 되는 게 아닌가. 그때야 알았다. 시어머님께서 꿈속에 나타나서 조심하라고 암시를 주신다는 것을. 그 후로 꿈속 시어머님은 반가운 분이 되었다.

　오늘 아침 출근길에 갑자기 옆에서 뛰어든 차 때문에 등에서 식은땀이 날 정도로 깜짝 놀랐다. 급하게 브레이크를 밟고 얼마나 놀랐는지 모른다. 무방비상태로 방심했더라면 큰 사고로 이어질 뻔했다. 어젯밤 시어머님을 꿈에 뵈었기에 오늘도 조심하라는 뜻이려니 생각하고 매사에 조심했다. 이렇듯 시어머님이 꿈에 나타나는 것은 나에게 조심하라는 경각심을 알려주러 오시는 것이었다. 살아계실 때도 그토록 잘해주더니 하늘에서도 지켜주시는 시어머님이 한없이 그립기만 하다.

아름다운 손

　어머니께서 작년에는 왼팔이 골절되어 깁스를 했었는데 올해는 오른팔이 골절되어 또 깁스를 했다. 연세가 있어서 그런지 자주 넘어지시고 넘어지면 큰 사고로 이어진다. 작년에는 왼팔이래서 큰 불편은 없었는데 올해는 오른팔을 다쳐 여간 불편하지가 않았다. 왼손으로 밥을 드신 지 20일이 넘었다. 이제는 왼손으로도 수저질을 곧잘 하신다. 처음에는 수저를 잡는 것조차 서툴러 밥을 흘리기 일쑤였다. 날짜가 흘러 왼손으로도 식사하시는 것이 차츰 나아졌다. 휴지를 뽑아서 접는 일이며 간단한 일들도 능숙하게 잘하셨다.
　오른팔을 깁스를 했으니 일상의 모든 일을 곁에서 도와 드려야 했다. 그러다 보니 어머니의 손을 자세히 볼 수 있는 기회가 생겼다. 어머니의 손을 볼 때마다 갈퀴가 연상되었다. 농촌에서 무던히도 일을 많이 하셨다. 손가락이 구부러지고 손가락 마디마다 굵어져 손이 아니라 정말 갈퀴 같았다. 어머니의 손을 빤히 바라보고 있자니 너무 마음이 아팠다.

"엄마! 손가락 마디에 관절염이 있어요?" 하고 물었다.

"아니" 하고 대답하신다.

"그럼 아프지 않으세요?"

"아니."

전혀 아프지 않다고 하신다. 열심히 일만 하시며 살아오신 표징의 굳은살이다. 지금껏 어머니의 손을 자세히 보지 않았다. 아니 어머니의 손을 자세히 바라보기는커녕 제대로 잡아본 적도 없다. 나는 왜 이렇게 못난 딸인가? 어머니의 은혜를 알면서도 표현을 못하고 살았으니 말이다. 어머니께서 아프신 뒤에야 지난날들을 후회하고 가슴을 치며 몰래 소리도 내지 못하고 울고 있다.

지난봄 어느 날 어머니께서 좋아하는 것들을 몇 가지 사들고 친정에 갔다. 음식을 준비하여 어머니와 둘이 밥상을 마주하고 앉아 도란도란 얘기하며 맛있게 식사를 하고 난 뒤였다. 어머니께서는 안방으로 들어가시더니 장롱을 열고 자그마한 상자를 꺼내 놓으셨다. 보석함이었다. 보석함을 열고 그 안에 들어있는 보석들을 방바닥에 모두 꺼내 놓으시더니 "이것은 너, 저것은 둘째 딸, 또 저것은 큰며느리, 작은며느리……." 하시며 며느리와 딸들의 몫을 정해 놓으셨다. 나에게는 금팔찌와 금시계를 내밀었다

"우리 큰딸이 제일 애썼다." 하시며 내 손에 꼭 쥐어주셨다. 그동안 어머니의 자식들이 생신이며 회갑, 칠순, 어버이날에 선물로 하나씩 해드렸던 것들이다. 싫다고 사양했다.

"내 손에는 들어가지도 않고 손이 미워서 어울리지도 않으니 너희들에게 나누어 주어야겠다."고 하셨다. 그때도 어머니의 손이 이토록 갈퀴손이 된 줄을 자세히 보지 못했다.

기분이 묘했다. 왜 벌써 자식들에게 나누어 주시려는 걸까? 의아했지만 대수롭지 않게 생각했다. 어머니께서 평소 보석을 끼고 다니지도 않았고 농사일을 하면서 보석을 끼고 다닐 일이 없으니 주시는 걸로 무심히 넘겼다. 그때부터 어머니께서는 몸이 이상하다는 걸 알고 계셨나 보다. 나는 정말 바보였다.

아버지와 결혼하면서부터 어머니께서는 남자 일 여자 일을 가리지 않고 논과 밭으로 나가 농사일을 하셨다. 내가 어렸을 적 겨울에는 산으로 땔감을 하러 다니기도 하셨다. 그 시절에는 모두 그랬지만 어머니께서도 잘 살기 위해 밤낮없이 철인처럼 일을 하여 가세를 일으켜 세웠다. 그랬으니 그 손이 온전할까? 언제나 어머니의 손은 갈라져 있었고 피가 나기도 했다. 갈라진 곳에 풀물이 스며들어 어머니의 손은 늘 까만 손이었다. 그렇게 힘들게 농사일을 하면서도 감기몸살을 앓거나 아파

누워계신 것을 본 적이 없다. 예쁘고 아름다운 손은 어떤 손일까? 가늘고 뽀얀 손보다 남들 앞에 내놓기가 창피하다는 손, 어머니의 손이야말로 가장 예쁘고 아름다운 손이 아닐까?

아버지의 눈물

　남자는 태어나서 세 번 운다는 옛말이 있다. 이는 남자가 눈물이 많으면 안 된다는 의미이기도 하다. 자신이 태어났을 때와 부모님이 돌아가셨을 때, 나라를 빼앗겼을 때 눈물을 보이며 운다고 한다. 남자들이 3번을 정해 놓고 우는 것은 아니겠지만 아끼고 아껴서 결정적인 순간에 우는 남자의 눈물은 정말 값지다는 뜻에서 나온 말일 것이다.
　식탁에서 남편과 둘이 아침 식사를 하고 있었다. 그날은 남편도, 나도 평상시 식사 시간에 주고받던 이런저런 이야기를 끄집어내지 않고 있었다. 난 고개를 숙이고 밥알을 세듯 젓가락으로 밥을 입에 넣고 있었다. 오래전 사소한 일로 옥신각신 말다툼을 하고 냉랭하게 앉아 밥을 먹던 때와 다를 바 없는 분위기다. 밥맛도 모르고 그냥 먹을 뿐이다. 식사를 시작한 지가 얼마나 지났을까? 아무 말이 없는 남편을 고개를 들고 쳐다보았다. 남편의 눈에 그렁그렁 눈물이 고여 있었다.

며칠 전의 일이다.

"엄마……엄마……"

"의화야! 의화야!"

전화기 저편에서 큰딸이 엄마를 부르며 엉엉 큰소리로 울고 있었다. 딸의 이름을 불러도 대답은 하지 않고 엄마를 부르며 울기만 했다. 너무 놀랐다. 큰딸이 객지 서울에서 생활한 지 10년이 되었다. 고등학교를 졸업하고 지망했던 동국대학교 경찰행정학과에 합격하여 서울로 올라갔다. 어린 딸이 대학에 합격하여 친인척들에게 칭찬도 많이 받았고 남들도 부러워했으니 학과 선택을 잘했다고 생각했다. 50%는 남편과 나의 뜻이었지만 적응을 잘하고 있는 딸이 대견했다. 다른 학과와는 달리 경찰행정학과는 선후배 관계의 질서가 엄하고 힘든 훈련과 어려운 운동까지 해야 했다. 여자로서는 적응하기에 힘든 학과인데도 적응을 잘해 안심하고 있었다.

어린 나이에 멀리 떨어져 혼자 살면서도 한 번도 울며 전화를 해본 적이 없는 딸이다. 엄마 아빠를 보고 싶다고 어리광을 부린다거나 힘든다는 표현을 해본 적도 없다. 10년 동안 감기 몸살 몇 번쯤은 앓았으련만 아프다고 말한 적도 없는 강한 딸이다. 그날은 큰소리로 불러도 대답을 하지 않고 엄마를 부르며 울고만 있었다. 한참 후에야 울음을 그치고 간신히 대화할 수 있었다. 딸이 원하는 5급 행정고시에 여러 번 떨어져 낙심하고 오랫동안 마음고생을 했던지 잠이 오지 않아 힘들다고 했다. 딸에게 변화가 생겼다는 것을 느꼈다. 마음이 다급했다. 간단하게 통화를 끝내고 남편과 함께 앞이 보이지 않을 정도로 쏟아지는 빗속을 뚫고 서울로 올라갔다. 서울로 가는 내내 가슴을 조였고 마음이 급해 휴게소에서 쉬지도 않고 딸이 사는 신림동으로 쏜살같이 달려갔다. 친구와 같이 있던 딸은 우리를 보자 품에 안기며 엉엉 울기 시작했다. 집에 다녀간 지 며칠 되지 않았는데 너무 야윈 모습이었다.

신림동 고시촌이라는 곳은 원룸이라고 해도 그야말로 손바닥만 한 방이다. 그런 방에서 혼자 10년 동안 버티며 공부를 했으니 얼마나 답답하고 힘들었을까? 가끔 한 번씩 딸아이가 사는 곳에 다녀오면 한동안 마음이 아프고 안쓰러워서 나도 잠을 잘 수가 없었다. 그런 딸아이가 가슴앓이를 얼마나 했으면 신경쇠약으로 잠을 잘 수가 없는 지경까지 왔는지 정말 하늘이 무너지는 것 같았다. 얼마나 엄마 아빠가 보고 싶고 가족이 그리웠을까?

이런 일이 있을 거라고는 생각도 못했다. 곧바로 집으로 데리고 내려왔다. 엄마 아빠가 곁에 있는데도 불안해하고 잠을 이루지 못하는 딸을 보면서 얼마나 눈물을 쏟았는지 모른다.

부둥켜안고 다독여주고 안심을 시켜도 잠을 자지 못하는 딸을 어쩔 수 없이 병원에 맡겼다. 남편은 딸아이를 안고 엉엉 울었다. 가슴이 찢어지듯 아팠다.

  딸의 꿈이 있었기에 뒷바라지를 하면서 언젠가는 해낼 거라고 지켜보고만 있었다. 이토록 힘든 경쟁 속에서 머리싸움을 하며 스트레스를 받아 가슴에 병이 드는 줄 몰랐다. 힘들었을 거라는 것은 뻔히 알면서도 딸의 꿈을 꺾는 것 같아 지켜볼 뿐이었다. 그동안 딸의 마음을 속속들이 알아주지 못해 마음이 너무 아프고 가슴이 터지는 것 같았다. 너무 일찍 철이 든 딸은 엄마 아빠에게 실망시키지 않으려고 열심히 안간힘을 다했다는 말만 되풀이했다.

  서울의 고시촌이라는 곳에는 공부하는 학생들이 너무 많다. 그렇게 많은 학생들이 어떻게 취업을 한단 말인가. 좁은 취업의 문을 향해 작은 희망을 안고 공부하는 학생들이 안타깝다. 큰딸도 그 틈에 끼어 10년이나 공부하며 살았기에 안쓰럽기만 했다.

  돌아가신 친정아버지께서는 눈물이 참 많았다. TV를 볼 때 슬픈 장면이 나오면 가끔 눈물을 훔치곤 하는 모습을 보았다. 그럴 때마다 자식들에게 들키지 않으려고 고개를 돌리고 슬며시 눈물을 닦으셨다. 가끔 거나하게 술에 취해 들어오시는 날에는 어머니와 도란도란 얘기를 하며 이루지 못한 많은 꿈들과 하고 싶었던 공부를 못한 아쉬움을 털어놓으셨다. 그럴 때마다 가슴에 쌓여 있던 아픔을 눈물로 보이시곤 했다. 아버지의 목이 멘 울음 섞인 목소리가 지금도 들리는 듯하다. 눈에는 눈물이 그렁그렁했었다. 그러면 어머니도 아버지를 따라 훌쩍이셨다. 그런 아버지에 비해 남편의 눈물은 본 적이 없다. 남편이 딸을 부둥켜안고 소리 내어 우는 것은 결혼 이후 처음으로 본 남편의 슬픈 모습이었다. 시어머님이 돌아가셨을 때도 불효자라며 애써 눈물을 속으로 삼키며 참고 있었다. 딸의 실정을 알지 못하고 이 지경이 될 때까지 있었다며 모두 당신의 책임이라고 소리 내어 울 때는 식구들도 따라 울었다.

　부모라면 누구나 자식을 위해서는 기꺼이 목숨을 내놓을 수 있다고 한다. 이번 일로 인해 남편은 정말 자식을 위해서라면 목숨을 내놓을 수 있겠다고 말을 했다. 얼마나 마음이 아프면 그렇게 말을 했을까? 이제는 잠도 잘 자고 안정을 찾은 큰딸을 보면서 딸자식을 하나 더 얻은 것 같은 기분이다. 사랑은 내리사랑이라더니 부모에게 받은 은혜를 자식에게 갚고 사는 것인가 보다.

애기삼촌의 사랑

　길을 걷다가 우연히 지나가는 차에 시선이 멈췄다. '아기 낳기 좋은 세상 운동본부'라고 쓰인 처음 보는 차였다.
　요즘은 아기를 낳아 키우기 좋은 세상이다. 분유며 이유식이며 돈만 있으면 어느 것 하나 부족한 것 없이 아기를 키울 수가 있다. 한때 분유가 모유보다 좋은 줄 알고 아기에게 최고 좋은 모유를 아기의 입에 물려보지도 않고 분유를 먹인 젊은 엄마들도 있었다. 돈을 주고도 살 수 없는 모유는 아기에게 면역성을 길러주는 좋은 성분과 영양이 많다. 이러한 사실은 매스컴을 통해 많이 알려졌다. 이 때문에 차츰차츰 모유를 먹이는 엄마들이 늘었다.

요즘은 젊은 부부들이 아기를 적게 낳으려고 하기에 아기를 낳으면 정부에서 장려금까지 주며 많이 낳으라는 운동을 벌이고 있다.

생소하고 처음 보는 "아기 낳기 좋은 세상 운동본부"의 계몽 단체는 결성된 지 6개월쯤 되었다고 했다.

우리가 어린 시절 50년 전쯤에는 산아제한이라는 슬로건을 내걸고 남녀에게 불임수술까지 강요했다. 무료로 진행하는 정부지원 사업이었다.

그 뒤 40년 전에는 '둘만 낳아 잘 기르자'는 슬로건으로 바뀌었고, 30년 전 내가 딸들을 낳아 키우던 무렵에는 '아들딸 구별 말고 하나만 낳아 잘 기르자.'로 변했다. 그러다 보니 현재 젊은이는 줄고 노인이 늘어나는 노령화시대로 변했다. 지금은 여러 가지 혜택과 장려금까지 주면서 아기를 많이 낳으라고 권장하고 있으니 앞일은 알 수가 없다.

옛날 50~60년 전, 우리가 태어나던 시절에는 분유가 없었다고 한다. 다행히 엄마로부터 모유가 많이 나오면 배불리 먹고 쑥쑥 크지만 엄마의 젖이 부족하면 아기는 배가 고파 매일 밤낮으로 칭얼대며 울기 일쑤였다고 한다. 우리 어머니께서는 6남매를 키우며 자식을 배불리 먹이지 못해 무던히 애를 태우고 사셨다고 했다. 엄마 젖이 부족한 아기는 다른 엄마들에게 젖동냥을 해가며 키우는 시대였다. 모유가 많아 아기가 먹고 남는다고 해도 남의 아기에게 모유를 먹이는 것은 쉬운 결정이 아니었다.

  그러고 보면 나는 먹을 복을 많이 타고 태어난 게 분명하다. 어머니께서는 첫아기인 나를 낳고 모유가 부족하여 많은 걱정을 하며 애를 태우셨다고 한다. 모유가 많이 나온다는 음식이며 단방약을 이것저것 챙겨 먹기도 하고 부뚜막에 물을 떠 놓고 조상님께 빌기도 하셨다고 했다. 마을에서 공을 잘 들인다고 소문난 무당할머니를 불러 빌기도 하며 온갖 방법은 다해보았지만 헛수고였다고 한다. 어머니께서 얼마나 애를 태우셨을까? 나도 딸들을 낳고 모유가 부족하여 애를 태운 적이 있어 어머니의 마음을 짐작한다.

  오누이같이 자란 한 살 더 많은 삼촌이 있다. 할머니는 어머니와 아버지가 결혼한 뒤에 삼촌을 낳으셨다고 했다. 지금 젊은 사람들은 몇 달 모유를 먹이다가 이유식을 시작하지만 옛날에는 막내인 경우 학교에 다닐 때까지 엄마 젖을 먹었다는 사람이 있을 정도였다. 막내가 아니더라도 동생이 태어나기 전까지는 몇 년씩 엄마 젖을 먹었다고 한다. 나보다 386일을 일찍 태어난 삼촌은 할머니의 젖을 먹을 때였고 며느리가 젖이 부족하여 할머니는 손녀에게도 젖을 먹였다고 한다. 할머니는 다행히 모유가 많았기에 삼촌이 먹어야 할 젖을 손녀인 나에게까지 먹이면서도 부족하지 않으셨다고 했다. 애기삼촌은 애기조카에게 엄마 젖을 뺏기면서도 엄마 품에서 애기조카를 밀쳐낸 적이 없었다고 했다. 할머니 젖을 먹는 조카에게 왼쪽 젖을 내주고 애기삼촌은 오른쪽 젖만을 먹었다고 했다. 애기삼촌 생각에도 왼쪽 젖은 애기조카 것으로 인정했던 것 같다. 애기조카에 대한 애기삼촌의 사랑은 감동적이지 않은가.

가끔 모유가 부족했던 엄마들은 자식이 키라도 작을 때면 어릴 적에 젖을 배불리 먹지 못해 키가 작다며 자신의 책임으로 여기는 엄마들이 있다. 나는 삼촌이 한 살 먼저 태어났기에 삼촌 젖을 나누어 먹고 튼튼하고 키가 큰 것 같다. 아마 할머니의 젖을 먹지 못했다면 내 키도 작았을지도 모를 일이다. 애기삼촌이 젖을 못 먹게 밀쳐내기라도 했다면 어머니의 마음도 할머니의 마음도 무척 아팠을 것이다. 할머니께서는 애기삼촌 몰래 숨어서 먹이지 않았을까 싶다. 그런데 삼촌은 조카인 내 몫으로 왼쪽 젖은 입에 대지도 않았다고 하니 식구들의 사랑을 듬뿍 받았고 애기삼촌이 조카를 사랑하는 모습을 지켜보며 대견해 하셨다고 한다.

애기삼촌은 작은아버지가 되어 행복한 가정을 꾸리고 사신다. 어른이 되어 같이 늙어가는 지금도 가끔 안부전화로 건강해야 된다며 챙겨주신다. 애기삼촌의 사랑을 생각하면 마음이 뿌듯하다. 고맙고 사랑스런 애기삼촌의 사랑은 잊을 수가 없다. 부디 건강하고 하시는 사업이 더욱 번창했으면 좋겠다.

야고보의 고백

　남편은 일요일이면 이른 아침부터 마음이 분주하다. 평소 느긋한 성격인 남편은 급한 나와는 반대라서 때로는 옥신각신할 때도 있다. 일요일이면 "빨리! 빨리!"하며 서두는 이유는 성당에 가는 날이기 때문이다.
　성당까지는 10분이면 갈 수 있는 거리다. 미사 시간 30분 전에 집에서 출발하면 20분 전에 도착할 수 있으니까 충분한 시간이다. 으레 방문 앞에 서서 미사시간에 맞춰 준비하고 있는 나에게 "다른 때는 부지런하면서 성당 가는 날은 늑장을 부린다."라는 말을 하며 핀잔을 준다. 그건 내가 할 소리다. 남편은 다른 때는 느긋하게 게으름을 부리면서도 성당에 갈 때면 마음이 바쁘다. 남편은 20분 전에는 성당에 도착하여 차분하게 마음의 준비를 한 다음 기도하고 미사에 임해야 한다고 한다. 남편의 마음을 나는 알고 있다. 우리가 세례를 받고 처음 앉았던 가운데 칸의 6번째 줄인 그 자리에 앉기 위해서다. 늦게 도착하면 다른 사람이 마음에 점찍어 놓은 남편의 자리를 차지하기 때문이라고 했다. 그 자리만을 고집하는 이유는 뭘까? 그 자리가 마음이 편해서일까? 아니면 신부님을 정면에서 볼 수 있는 자리라서 그럴까? 어떤 때는 "저쪽으로 가서 앉을까요?"하면 못들은 척 그 자리를 향해 걸어간다. 나도 뒤따라서 나란히 앉는다.

1년 전 이맘때쯤이다. 6개월 동안 매주 한 번씩, 낮에는 직장에서 근무하고 퇴근 후 주어진 시간에 맞춰 성당에서 교리(체계적으로 천주교에 대한 가르침) 교육을 받았다. 열심히 배운 결과 많은 교우들이 지켜보는 가운데 진심어린 축하를 받으며 남편과 나란히 세례를 받았다. 남편은 태어나서 처음으로 많은 축하를 받은 것 같다고 좋아했다. 남편의 세례명은 '야고보'이며 나는 '소화데레사'란 새 이름이 생겼다. 사람들이 종교를 갖게 되는 동기는 우연한 경우도 있겠지만 주위 사람들의 권유가 대부분이다. 때로는 힘들거나 어려운 일에 처했을 때 계기가 되어 종교를 선택하는 경우도 있다.

우리 부부도 예외는 아니다. 힘든 상황에서 의지해야 할 곳을 찾아 천주교에 발을 딛게 되었다. 20개월 전, 우연히 알게 된 나의 갑상선 암으로 인하여 남편은 청천벽력 같은 큰 충격을 받았다. 나를 안심시키면서 내심 자기 자신은 떨고 있었다. 인생은 무엇인가라는 원초적 고민에서부터 결국 인생의 종말은 어디로 가느냐라는 과제에 빠진 모양이다. 나름대로 많은 고민을 하다가 의지할 것은 종교라는 확신으로 성당에 발을 디뎠으며 나도 남편의 권유로 세례를 받았다.

　지금으로부터 25년 전. 남편과 나는 시어머님의 권유로 개신교에 잠깐 다닌 적이 있었다. 그때는 딸들이 어렸을 때라서 등에 업고 시어머님을 따라 다니는 것에 불과했다. 시어머님은 아들 내외가 따라다니는 것만으로도 행복하셨으리라. 그것도 잠시였고 믿음이 없던 남편은 결국 개신교에 나가지 않았으며 나 역시 남편을 따라 그만두었다. 남편은 지금도 그때 시어머님 마음을 아프게 한 것이 불효였다며 아쉬워한다. 그 뒤 개신교는 잊고 살았다. 자식을 키우고 출가시키며 나이가 들면서 남편은 천주교에 마음을 두고 있었다. 시어머님이 살아계실 때는 개신교에 다니시는 시어머님께 불효하는 일이라며 마음을 내보이지는 않았다. 시어머님이 돌아가시고 난 뒤에도 선뜻 성당에 나가기란 쉽지 않았다. 누구라도 옆에서 인도하고 이끌어 주는 사람이 있어야 쉽게 발을 디딜 수 있는데 마음속으로만 생각하고 있었다고 한다. 우리 마을 사람들이나 지인들도 성당에 다니는 사람들이 많은데 남편의 속마음을 알 수 없었다. 나에게 병이 발견되고 난 뒤 남편의 마음은 무척 다급했었나 보다. 같은 마을에 살며 성당에 다니는 선배를 찾아가 성당에 나가고 싶다는 의사를 보였고 그 선배는 적극 협조해 주었다. 6개월 동안 교리를 받아야 한다면서 원서를 챙겨다 주고 신청까지 해주셨다. 그렇게 시작하여 6개월 동안 한 번도 빠지지 않고 열심히 배웠다. 결석하지 않고 교리를 받기는 무척 힘든 일이라며 교리 선생님도 칭찬을 아끼지 않으셨다. 2010년 부활절에 남편과 나는 나란히 세례를 받게 되었다. 그 뒤부터 남편은 오랜 세월 동안 다닌 사람들 못지않게 성당의 미사나 행사에는 거의 빠지지 않고 성의를 보이며 성서를 읽고 배우는 일을 게을리하지 않았다. 세례를 받은 뒤 남편은 소감과 새로운 삶에 대한 각오의 글을 써달라는 부탁을 받았다. 남편은 글 쓰는 솜씨가 없는 걸로 알았다. 우리가 결혼하기 전, 그 시절에는 핸드폰은 물론 유선전화조차도 드물었다. 전화는 부잣집에나 있는 것이었다. 그러기에 우리가 서로 소식을 주고받는 수단은 편지였다. 할 이야기가 많은 시절인데도 남편은 편지지 반 이상을 쓴 적이 없다. 그때 글 쓰는 솜씨가 없다는 것을 알았다. 그랬던 남편이 세례받은 소감을 무려 A4용지로 세 장이나 빽빽하게 써 놓은 게 아닌가.

　개신교에 다니다가 어머님의 손을 뿌리치고 마음을 아프게 했던 죄스러움, 아픈 아내를 위해 남편이 해야 할 일이 뭔가를 찾다가 하느님을 의지해야겠다며 성당을 찾게 된 동기, 첫 영성체하는 날 설레고 흥분된 마음을 달래며 성당으로 가는 발걸음이 가볍고 어린애처럼 즐거웠다는 것, 많은 교우들이 진심으로 축하해 주셨다는 것, 등을 감동 깊게 써 놓았다. 남편의 속마음이 진솔하게 적혀 있었다. 남편이 쓴 내용이 우리 성당에서 한 달에 한 번 발행 되는 월보에 실리고 남편의 글을 읽고 감동하여 시를 써 보내 주신 분도 계셨다.

　　　어릴 적 어머니 손을 잡고/ 어느 개신교에 갔었다/ 그때 철부지인 내 눈에는/ 사람을 소외시키고/ 돈을 우대하는 것처럼 보여/ 어머님의 손을 뿌리쳤다.
　　자식을 낳아 여의기도 하고/ 그만 그만하게 살던 참에/ 부름을 다시 받아/ 첫 영성체하던 날/ 잠 깨어 십자성호를 긋고/ 성당으로 가는 발걸음/ 신이 나서 어린애가 되었다.
　　이미 천당에 계실 어머니/ 당신의 가슴을 아프게 했던/ 저의 배반을 용서하소서!

　남편은 요즘 총각 시절에 나와 연애하던 때처럼 보인다. 이젠 성당이 남편의 애인이 되었다. 시간을 쪼개서라도 성서를 읽고 기도문을 외우고 천주교에 대해 인터넷을 뒤적이며 열심이다. 첫 영성체를 하는 날, 새로운 삶을 사는 것 같아 기쁘고 행복하면서도 시어머님 생각이 났다고 한다. 시어머님은 아들과 며느리를 앞세우고 개신교에 다니며 이토록 즐겁고 행복하셨으리라. 자랑하고 싶고 좋았던 행복도 잠시 아들과 며느리가 자신을 배반하고 말았으니 얼마나 안타깝고 마음이 아프셨을까? 그때 시어머님의 마음을 이제야 이해하고 알게 되었다. 나에게 소중하면 남에게도 소중한 법이다. 이제나마 조금씩 터득하고 조금씩 배워가며 신앙심을 키워가고 있다.

어머니의 다리가 된 유모차

 오랜 가뭄으로 목마른 대지를 애태우더니 단비가 내렸다. 고맙고 좋은 기분도 잠깐, 그토록 기다렸던 단비가 장맛비로 변하여 연일 곳곳에서 피해가 심하다. 산사태가 집을 덮쳐 인명 피해가 나고 마을까지 물이 넘쳐 주민들이 대피하는 소동이 났다는 소식이 잇따른다. 농경지 침수로 정성들여 키우던 농작물이 물에 휩쓸려 떠내려가 농민들의 마음을 아프게 했다. 적당히 알맞게 내려주면 얼마나 좋을까. 하늘도 마음대로 못하나 보다.
 우리 마을은 논농사가 대부분이다. 모를 심어 놓은 뒤라서 많은 비가 내려도 큰 걱정은 되지 않는다. 주변에 산도 없지만 비가 오면 마을 위쪽에 있는 큰 저수지에 물이 가두어지기 때문에 산사태나 홍수 걱정은 하지 않아도 되는 살기 좋은 마을이다. 모처럼 물 폭탄이라고나 할까? 퍼붓는다는 표현이 맞을 듯싶다. 내리는 비는 순식간에 우리 마당에도 물길을 이루며 하수도로 흘러나가고 있다. 하지만 하수구로 통하는 구멍이 한꺼번에 쏟아지는 비를 감당하지 못해 마당이 잠시 작은 호수가 되었다. 그렇다고 물난리 걱정은 전혀 없지만 그치지 않고 계속 퍼붓는 비를 바라보며 내 마음은 친정으로 가 있었다.

친정 마을 사람들은 논에 모를 심지 않고 여러 가지 농작물과 조경수를 심어 소득을 높이는 부지런한 마을이다. 연세가 지긋한 어머니도 쉬셔야 할 나이인데 질세라 남들보다 더 많이 여러 가지 조경수들을 논에 심어 놓았다. 논에 물이 많이 차고 쉽게 빠지지 않으면 큰 피해를 입게 된다. 농사를 짓는 농부들은 비가 내리지 않아도 걱정, 비가 많이 내려도 걱정, 온통 조바심으로 농사를 지으며 산다.

비가 많이 내려 금세 전주천도 큰물이 내려가고 범람했다는 소식이 들렸다. 혹시나 어머니께서 논에 심어 놓은 조경수를 둘러보느라 많은 비를 맞고 돌아다니지나 않으실까 걱정이 되었다. 쏟아지는 빗속을 조심조심 운전하고 친정으로 갔다. 간간이 막아 놓은 소양천의 보들은 붉덩물이 넘쳐 흘러가고 있었다. 그 모습은 둑을 허물고 금방이라도 마을로 밀고 들어

올 것처럼 무서운 기세였다. 또 큰물이 내려가며 나는 소리는 마을을 둘러싸고 있는 산에 부딪치고 메아리로 돌아와 마을을 흔들어 놓는 듯 무서운 굉음을 낸다.

반쯤 열려 있는 대문을 활짝 열고 친정으로 들어갔다. 계단 옆에 우뚝 서 있는 허름한 유모차가 처마 밑에서 비를 피하고 있다. 유모차가 그 자리에 있는 것은 어머니가 집에 계시다는 뜻이다. 유모차는 어머니의 다리 역할을 한다. 허리가 굽어 조금만 걸어도 아프다고 하신다. 유모차에 의지하며 걸으면 힘도 들지 않고 편하다고 하셨다. 그러면서도 농사일을 놓지 못하고 계시는 것은 일이 몸에 배어 어쩔 수 없는가 보다.

어머니께서 유모차에 의지하고 사신 지도 벌써 몇 년이 지났다. 논에 가실 때는 유모차에 농기구나 농사일에 필요한 것들을 싣고 다닌다. 무겁게 들고 다니지 않아도 되기 때문에 너무 좋다고 하셨다. 버려진 유모차가 물건을 나르는 수레 역할도 하고 어머니의 다리 역할도 하는 일석이조다.

유모차에 의지하고 다니는 어머니의 모습을 볼 때마다 가슴이 아린다. 긴 세월 농사일을 천직으로 알고 남들보다 부지런히 더 많은 일을 하며 사셨다. 어머니는 일생을 할머니 할아버지를 봉양하고 5남매 시동생들과 당신의 자식 6남매의 뒷바라지에 몸과 마음을 희생하셨다. 무거운 짐 때문에 힘들었던 어머니의 허리는 조금씩 굽어졌다. 이제 무거운 짐을 벗었건만 한번 굽은 허리는 펴질 줄을 모른다. 어머니의 허리가 언제쯤이나 펴질까. 안타깝기만 하다.

　우리 어머니뿐만이 아니다. 친정 마을에 사시는 할머니들 모두 유모차에 의지하고 계신다. 겨울철 농한기가 되면 마을회관에 모여서 한때나마 즐거운 시간들을 보낸다. 그런 날이면 마을회관 마당은 유모차로 가득 찬다. 할머니들이 유모차에 의지하고 오시기 때문이다. 재미있게 시간을 보내고 각자 집으로 돌아가는 경로당 퇴근 시간은 길게 늘어선 유모차의 행진이다. 자식을 위해 헌신하신 어머니들의 모습이다. 가슴이 찡해 오는 걸 느낀다.

　기계도 많이 쓰면 빨리 망가지듯이 사람의 몸도 힘든 일을 많이 하면 허리와 다리가 굽는다. 열심히 사셨던 지난 세월의 대가가 굽은 허리라니 너무 마음이 아프다.

　"엄마!"

　현관문을 들어서며 큰소리로 어머니를 불렀다. 내 목소리를 듣고 쉽게 펴지지 않는 허리를 끌다시피 나오며 반겨 주셨다. 내 손에 들려 있는 복숭아 꾸러미를 보더니 한 말씀 하신다.

　"올 때마다 뭐를 이렇게 사오냐. 혼자 얼마나 먹는다고. 다음부터는 그냥 오거라."

　자식 것은 무엇이든 아까워하고 자식의 성의도 나무라는 분이시다. 남동생들도 걱정이 되었는지 큰동생과 작은동생이 먼저 와 있었다. 논이 걱정이 되는데 비가 너무 많이 내려 하늘만 쳐다보고 있다고 했다. 쏟아지는 장대비는 논에 나간들 손을 쓸 수 없는 상황이다.

　언젠가 텔레비전에서 어느 농촌 마을 할머니들이 허리와 다리가 아프셔서 유모차에 몸을 의지하며 다닌다는 내용이 보도된 적이 있다. 그 뒤로 농촌 마을에는 급속도로 유모차를 밀고 다니는 할머니들이 늘었다. 허리가 굽은 할머니들께는 반가운 소식이 아닐 수 없다. 튼튼한 다리가 생겼으니 말이다. 아기를 키우는 집에서는 아기들이 크면 멀쩡해도 버릴 수밖에 없는 유모차가 할머니들께는 다리가 되어 준다. 버려진 유모차가 둘도 없는 효자다. 아무리 자식들이 효자라고 해도 이동할 때마다 다리가 되어 줄 수는 없다. 우리 어머니의 유모차 이름은 BMW이다. 마을 회관에 모인 유모차 중에서 제일 좋은 거라고 한다.

　'흔한 개똥도 약에 쓰려면 없다.' 라는 말이 있다. 젊은 사람들이 도시로 모두 나가고 노인들만 농촌을 지키고 살기 때문에 아기들은 볼 수가 없다. 그러기에 유모차를 구하기란 쉽지가 않다. 우리 어머니의 BMW 유모차가 우리 집에 오게 된 것은 동생이 살고 있는 아파트의 경비 아저씨께 부탁해서 구했다. 버리려고 내다 놓은 유모차가 있으면 구해 달라고 부탁했는데 외제 유모차를 구해주신 것이다.

　"BMW 왔어요!"
　무슨 소리인가 하고 아파트 문을 열고 나갔더니 외제 유모차를 가지고 오셨다고 한다. 어렵게 구해서 어머니의 다리가 된 유모차는 우리 집에서 BMW로 통하며 사랑을 받고 있다.

　어머니의 굽은 허리는 몸을 아끼지 않고 가족을 위해 열심히 헌신하신 표증이다. 나이가 들면 아기가 된다고 한다. 이 말은 나이가 들면 생각하는 것과 마음이 여려지기 때문에 하는 말이다. 몸까지도 아기들이 타는 유모차와 함께하고 있으니 진짜 아기가 된 셈이다. 고생만 하시던 우리 어머니, 이제 자식들 모두 잘 살고 있으니 자식 걱정과 무거운 짐 내려놓고 유모차에 의지하면서라도 오래오래 사셨으면 좋겠다.

엄마는 거짓말쟁이 2

　사랑의 등불, 4월의 꽃들이 울긋불긋 온 천지를 환하게 밝혔다. 춥기만 하던 날 엄마는 삭막하고 답답한 좁은 병실로 들어가셨다. 한없이 냉랭하여 창백하기조차 했던 겨울이 지나고 따뜻한 봄이 왔건만 엄마의 병은 낫기는커녕 점점 더 깊어져 식구들의 애를 태웠다. 꽃을 무척이나 좋아하는 엄마는 따뜻한 햇살과 생동감 넘치는 봄꽃무리를 마저 보시지 못하고 하늘나라로 떠나셨다. 자식들의 정성이 부족한 탓이었을까? 우리는 엄마를 하늘에 빼앗기고 허탈감에 빠져 한동안 멍하니 정신을 놓고 말았다. 자식들과 친척들은 물론 마을 사람들조차 가지 말라고 붙들고 오열했건만 보내드릴 수밖에 없었다.

오래오래 건강하게 살 거라는 자식들과의 약속을 저버리고 기어이 하늘나라로 떠나셨다.

어릴 적, 둘째 여동생이 초등학교 3학년 때의 일이다. 그때 나는 중학교 2학년이었다. 동생과 함께 잠을 자다가 동생의 울음소리에 눈을 떴다. 동생은 훌쩍훌쩍 이불을 들썩이며 울고 있었다. 아마 슬픈 꿈이나 무서운 꿈을 꾸었나 보다. 지켜보던 나는 곧 그치겠지 하고 기다렸건만 울음소리는 점점 커져만 갔다. 차츰차츰 울음소리가 더 커지더니 마침내 벌떡 일어나 앉아 두 발을 동당거리며 엉엉 소리 내어 울기 시작했다. 다른 방에서 주무시던 엄마가 깜짝 놀라서 우리 방으로 달려 오셨다.

"아가야! 왜 그러냐. 아가야! 왜 그래?"하시며 애타게 달래는 엄마를 보면서도 동생은 잠이 덜 깼는지 엄마의 말은 들은 척도 안 하고 그대로 울기만 했다. 그렇게 한참을 울더니 "꿈에 엄마가 돌아가셨어."라며 또 엉엉 소리 높여 우는 것이었다. 엄마는 동생을 안아 달래주었지만 동생은 엄마 품에 안겨서도 꿈속에서 엄마를 잃은 슬픔이 너무 컸던지 막무가내로 우는 것이었다.

"아가야! 엄마 여기 있잖아? 아가야! 울지 마라. 엄마가 오래오래 살려고 꿈속에 그렇게 보인 거란다. 울지 마라. 엄마는 오래오래 살 거야."하며 동생을 달래셨다. 그 말에 동생은 울음을 뚝 그쳤고 나 역시 엄마의 그 말을 진짜로 알고 믿었다.

어렸던 내가 쉰 살이 넘은 지금까지도 엄마의 그 말을 가슴에 새겨왔고, 오래오래 사실 거라고 착각하고 있었다. 우리 엄마는 불사조처럼 죽지 않고 영원히 사실 거라고, 아버지께서 먼저 돌아가셔서 아버지의 몫까지 합하여 정말 오래도록 사실 거라고 말이다. 이런 관념 때문에 엄마의 건강을 조금도 의심해 본 적이 없었고 우리 곁에 영원히 있어 주실 줄 알았는데 이런 믿음을 깨고 75세가 되던 봄날 하늘나라로 가셨다.

의술의 발달로 한국 사람 평균 수명이 남자 73.5세 여자 82.2세라는 통계가 나와 있다. 엄마가 하늘나라로 가시기는 너무 이른 나이다. 애지중지 키운 자식들을 두고 어떻게 가셨을까? 엄마를 본받아 성실하게 살고 있는 자식들보다 하늘나라가 더 좋았단 말인가? 기어코 자식들의 손을 뿌리치고 마지막 인연까지 내려놓으셨다.

엄마는 당신 몸에 병마가 오는 것을 모르셨을까? 아마 나이가 들면 이곳저곳 아프다더니 나이 든 탓으로 여기고 계셨을 것이다. 힘든 농사일에 아무리 피곤해도 잠을 자고 아침에 일어나면 거뜬하다고 하셨다. 엄마는 특별히 약이 필요 없었다. 잠이 약이었다. 이토록 건강하다고 믿었던 엄마가 속이 까맣게 타들어갈 때까지 우리 자식들은 전혀 모르고 있었다. 아니, 엄마의 몸이 그 지경이 될 때까지는 통증도 있었으리라. 하지만 고통을 참고 견디며 자식들을 속였지 싶다. 자식들의 마음이 아플까 봐 설마하고 지켜보고 계셨지 싶다. 엄마의 병을 조금만 일찍 발견했더라면 이렇게 허망하게 보내드리지는 않았을 것이다. 동생이 엄마가 돌아가시는 꿈을 꾼 지 40년이 지난 일이다.

엄마는 우리에게 오래오래 살려고 꿈에 그렇게 보였다는 터무니없는 거짓말을 왜 하셨을까? 지금까지 40년을 그때 하신 그 말을 나는 믿고 있었다. 단 한 번도 몸이 아파 누워 계신 적이 없는 분이기에 이렇게 빨리 우리 곁을 떠나실 줄 몰랐다. 엄마가 그때 한 마디 하신 말씀으로 우리는 40년이나 속아 살았다.

어릴 적 엄마의 그 말씀이 지금도 귓가에 쟁쟁하게 들리는 듯하다. 우리는 엄마의 말씀과 행동을 곧 하늘처럼 받들고 살았다. 늘 말씀과 행동이 일치하고 살아가는 데 본이 되었던 분이셨기 때문이다. 하늘은 이런 사람을 더 빨리 데려가는 것일까?

외면하고 돌아선 날

　시내 변두리 시골의 5일 장날이다. 특별히 사야할 물건도 없으면서 장이 서는 날이면 주섬주섬 챙겨 입고 자주 5일장에 나간다. 시끌벅적한 시골 장날은 볼거리가 많다. 사람 사는 맛이 물씬 풍기는 곳이기도 하다. 텃밭에 심었을 것 같은 몇 가지 채소를 놓고 양지쪽에 앉아 파시는 어느 할머니의 얼굴은 초겨울 찬바람을 쐬어 빨갛다. 주인에게 끌려나와 얼마 후에는 새로운 주인에게 팔려 어미 곁을 떠나야 하는 강아지는 아무것도 모르고 오가는 사람들을 바라보며 꼬리를 흔들어댄다. 시골 5일 장날은 이런 모습들을 볼 수 있어서 나는 좋아한다. 슬쩍 시장 구경이나 하고 올 요량으로 나섰는데 어느새 내 손에는 여러 가지 물건들이 묵직하게 들려 있다. 늦서리를 맞고 몸살을 앓기 전에 주인의 손에 들려 나온 연한 고추도 샀다. 호박죽을 쑤어 먹으려고 누렇게 늙은 호박도 샀다. 땅속 깊이 굵고 통통한 뿌리를 내리고 있다가 뽑혀 이제 세상 구경을 나온 고들빼기도 한 움큼 샀다.

"눈을 떴다 감았다 하는 싱싱한 조기가 왔어요."

하는 장사꾼의 속임수를 알면서도 속아 한 무더기 샀다. 기웃기웃 구경을 하다 보니 내 손에는 갖가지 싱싱한 생선이나 채소들이 들어 있는 검은색, 노란색, 파란색, 하얀색 비닐봉지가 꽤 많이 들려 있었다.

시골 장날이면 빠지지 않고 어김없이 나오는 사람이 있다. 몸에는 고무로 만든 옷을 칭칭 감고 엎드린 채, 배로 기어 다니며 장날의 주인공처럼 가냘픈 음악 소리로 시선을 끌며 도움을 청하는 장애인이다. 그런 사람을 보면 호주머니에 들어 있는 동전이든 지갑 속의 작은 돈이든 서슴없이 내준다. 오늘은 양손에 물건이 무겁게 들려 있다는 이유로 그 사람을 외면하였다. 내 두 손에 물건들이 들려 있어서 줄까 말까 마음은 갈등했지만 가던 발걸음을 멈추지 않고 그대로 집으로 와 버렸다. 그냥 집으로 돌아온 탓에 마음은 편치 않았다. 시골 5일장에서 금방 사온 싱싱한 채소와 생선으로 가족을 위해 맛있는 요리를 하면서도 마음 한구석은 시장 바닥을 누비고 다니며 지나는 행인의 동정을 구하던 그 사람의 눈동자가 자꾸 생각이 났다.

　내 어릴 적, 이른 아침 식사 때면 자주 찾아오는 손님이 있었다. 이집 저집을 기웃거리며 밥을 얻어먹고 다니는 거지들이었다. 어머니는 언제 보셨는지 기다렸다는 듯 작은 상에 두어 가지 반찬과 김이 모락모락 나는 따뜻한 밥 팔팔 끓는 국을 챙겨 내다 주셨다. 어머니는 아침에 찾아올 거지의 몫까지 넉넉하게 밥을 하셨던 걸까? 한번도 그냥 돌려보낸 것을 본 적이 없다. 들마루에 걸터앉아 마파람에 게 눈 감추듯 후다닥 먹어치우고 말없이 코가 땅에 닿게 절을 하고 가는 거지를 자주 보았다. 어머니는 늘 그러하셨다. 어머니가 어려운 사람을 많이 도와 준 덕일까? 지금 우리 남매들이 잘 살고 있다.

　어머니의 행동을 보고 자랐기에 나도 어머니를 많이 닮았다. 오늘 시골 장에서 본 그런 사람들을 보면 쉽게 지나치지 못하고 나도 모르게 내 지갑의 무게를 덜곤 한다. 그런데 오늘은 그냥 외면하고 왔기에 내 자신을 책망하고 있다.

※ 2011. 12. 23. 《전북일보》 금요수필 게재.

울보가 된 이야기

　전주시 덕진구 전미동 우리 집에서 완주군 소양면 친정까지는 20분이면 갈 수 있는 거리다. 지금은 교통수단이 발달하고 집집마다 자동차가 있어서 가고 싶은 곳이면 시간에 구애받지 않는다. 우리 집에서 친정까지 가는 길은 호성동을 지나 초포, 용진을 거쳐서 소양으로 간다. 매번 친정에 가다가 호성동을 지날쯤 외갓집 생각이 난다. 외갓집은 호성동에 있었다. 지금은 외할아버지 외할머니께서 돌아가신 뒤 모두 이사하여 아무도 살지 않지만 그길을 지날 때면 어릴 적 생각이 나서 웃음짓곤 한다.
　초등학교 6학년 겨울방학 때 일이다. 방학이 되면 유일하게 갈 수 있는 친척 집은 외갓집뿐이었다. 아버지께서 맏이이다 보니 삼촌들은 어려서 결혼을 하지 않아 작은집도 없었다. 갈 수 있는 곳은 외갓집인데 어머니께서는 외할아버지와 외할머니를 모시고 사는 외숙모를 귀찮게 한다고 보내주지도 않았다. 외갓집이라고 해도 초등학교 2학년 때 어머니를 따라 한 번 갔던 기억만 있다. 그런데 6학년 겨울방학 때 친척집에 다녀와서 글짓기를 하라는 숙제가 있었다. 숙제를 해야 했기에 어머니께서는 3학년 남동생과 같이 외갓집에 다녀오라고 했다. 어머니는 외할머니께 드릴 조그만 선물과 버스비와 사탕 값을 손에 쥐어주며 세 밤만 자고 오라고 신신당부를 하셨다. 처음 외갓집으로 출발할 때는 날듯이 기뻤다. 동생과 같이 가는 처음 길이지만 어머니께서 가르쳐 주신 대로 버스를 두 번 갈아타고 잘 찾아갔다.

  외갓집에서 첫날 밤엔 외할머니 곁에서 삶은 고구마를 먹고 옛날이야기도 듣다가 잠이 들었다. 다음날은 또래 외사촌들과 썰매도 타고 숨바꼭질도 하며 재미있게 하루를 잘 보냈다. 해가 지고 밤이 되었다. 우리 집에서 생각할 때는 며칠이고 외갓집에서 잘 있을 것 같았는데 밤이 되니 어머니 생각과 집 생각으로 잠이 오지 않았다. 남동생은 내 옆에서 쿨쿨 잘도 잤다. 얼마나 뒤척이다 잠이 들었을까? 날이 새고 외갓집에서 둘째 날이 시작되었다. 어머니께서 세 밤을 자고 오라고 했는데 하루를 남겨두고 어머니의 얼굴이 눈앞을 가렸다. 눈을 감아도 눈을 떠도 어머니만 보였다. 어머니가 보고 싶어서 눈물이 났다. 누가 볼까 봐 숨어서 눈물을 손등과 옷소매로 닦았다. 참으려고 해도 자꾸 눈물이 났다. 한참 울다가 간신히 참고 외할머니 곁으로 갔다. 외할머니께서 나를 보시더니
 "울었느냐?"
하셨다. 외할머니의 그 말씀에 왈칵 울음이 쏟아졌다.
 외할머니께서는 "왜 그러느냐? 누가 때렸느냐?"하시며 괜한 외사촌 또래 이름만 들먹이셨다. 울음을 그치려 해도 좀처럼 그쳐지지 않았다. 하는 수 없이 솔직히 울며 말씀드렸다.
 "집에 가고 싶어요."
 외할머니께서는 며칠이나 되었다고 그새 가려고 그러냐며 핀잔을 주셨다. 더 울음이 나왔다. 외할머니는 과자를 주며 나를 달랬지만 울음을 그치지 않자
 "그래, 그러면 오후에 나랑 같이 가자!"고 하셨다. 그 말에 울음이 뚝 그쳤다. 점심을 먹고 외할머니와 함께 집으로 가기로 약속했다. 그런데 걱정이 생겼다. 외할머니께서는 차멀미 때문에 차를 타지 못하시기 때문이다. 어디를 가시든 걸어서 다니신다. 우리 집에 오실 때도 늘 걸어 오셨다. 지금은 자동차로 15분이면 호성동 외갓집에서 소양까지 갈 수 있지만 그때는 걸어가려면 3~4시간은 걸렸다. 외할머니께서는 늙고 허리도 굽어 4~5시간은 걸려야 도착할 것 같았다. 그래도 외갓집에서 하루를 더 보내는 것보다는 집에 간다는 것이 너무 좋

았다. 점심을 먹고 집으로 출발했다. 지금처럼 길이 넓고 아스팔트로 포장된 길이 아니었다. 논길을 이리저리 돌고 돌아서 갔다. 길을 모르니 외할머니를 앞장세우고 토끼마냥 깡충깡충 뛰며 뒤를 따라갔다. 논길로 가다가 언덕을 넘기도 하고 고개를 넘기도 했다. 몇 시간이 지났을까? 얼마를 걸었을까? 언제나 우리 집이 나올까? 지루하고 지쳐서 외할머니 뒤를 그냥 졸졸 따라 걸었다. 한참 걷다가 또 고개를 올라갔다. 산등성이에 오르는 순간 멀리 산 아래 우리 집이 보였다. 너무 좋았다. 그때는 외할머니 생각도 하지 않고 두 주먹을 불끈 쥐고 있는 힘을 다해 집으로 100미터 달리기선수처럼 달렸다. 집에 어머니가 계셨다. 깜짝 놀라셨다. 어떻게 왔느냐며 내일 올 줄 알았다고 했다. 어머니께서 정해준 날짜가 내일이기 때문이다. 우리 집에 오니까 너무 좋았다. 그런데 한 가지 걱정이 또 생겼다. 외갓집에서 울었다는 것을 어머니에게 이야기할까 봐 은근히 외할머니의 눈치가 보였다. 외할머니와 약속할 걸 집에 오는 기쁨 때문에 외할머니와 약속을 못했던 것이다. 나는 외할머니 곁을 떠날 수가 없었다. 외할머니 주위만 계속 맴돌았다. 그런데 외할머니는 어머니께 말씀하시고 말았다. 부끄러웠다. 그 뒤 나는 6학년이 되어서도 외갓집에 가서 울고 왔다는 울보가 되고 말았다. 지금도 가족들이 모이면 가끔 그때 이야기를 하며 나를 놀리곤 한다. 울보라고.

이별 연습

　만남이 있으면 언젠가는 이별이 있기 마련이다. 하지만 부모와의 이별은 생각하지 않았다. 부모와 자식은 천륜이거늘 어찌 쉽게 이별을 생각하겠는가.
　"이 정도 진행이 되면 2개월쯤……. 손을 쓸 수가 없습니다."
　검사를 마치고 난 뒤 담당 의사가 힘없이 고개를 저으며 해준 말이다.
　"2개월!"
　놀라지 않을 수 없다. 너무 짧은 시간이다. 우리 곁을 떠나지 않고 영원히 살 것처럼 그 많은 세월 어머니의 은혜에 보답해야 한다는 걸 알면서도 마음뿐이었다. 실천을 못하고 미루어 왔다. 그런데 2개월이라니! 무엇을 어떻게 해드려야 할지, 무엇이 먼저이고 무엇이 나중인지를 알 수가 없어 마음이 급해 허둥대고 있다. 이 세상에 단 한 분뿐인 어머니께서 2개월밖에 살 수 없다니 내 귀를 의심하지 않을 수 없었다.
 "내가 잘못 들었겠지?"
 믿을 수가 없어 맥없는 귀를 의심해보지만 그것은 엄연한 현실이었다.
  기적은 있는 걸까? 내게도 어머니께서 오래 사실 수 있는 기적이 일어났으면 좋겠다. 아니 몇 달만이라도 더 살 수 있다면…….
 의사선생님께서 오진이었다고 말해주기를 마음 한구석은 바라고 있다. 어머니가 이 지경이 될 때까지 왜 몰랐을까? 이제 후회한들 아무 소용이 없다.
 새벽 4시에 일어나 병원에 갈 준비를 시작한다. 오늘은 무엇을 준비할까? 어머니가 좋아하시는 음식을 떠올리며 한참을 멍하니 앉아 있다. 어머니를 위해 최선을 다해야 한다. 2개월이라는 시간은 너무 짧은 시간이지만 이미 주어졌다.
 구부정한 허리를 끌고 다니며 많은 농사일에서 손을 놓지 못하면서도 흔한 감기나 몸살을 한 번도 앓아 본 적이 없어 건강하다고 믿었다. 식사도 잘하고 정신력이나 기억력 또한 젊은 사람 못지않게 좋았다. 2년 전에 건강검진을 받았던 터라 건강에 대해서는 마음을 놓았었다. 그런 분이 폐암 말기의 선고를 받고 2개월의 생을 남겨두고 계시다니, 믿기지 않았다. 하지만 아무 준비도 없이 하루아침에 갑작스럽게 떠나는 충격보다는 2개월이라는 시간이라도 자식들에게 주었으니 그나마 다행이라고 위안했다. 어머니를 위해 마음의 준비를 할 기회를 준 것으로 감사하며 최선을 다하리라.

며칠 전, 어머니가 마을회관에서 넘어져 119에 실려 병원에 가셨다는 전화를 남동생으로부터 받았다. 마을 사람들이 동생에게 전화를 해주셨다고 한다. 동생은 소식을 듣고 달려오고 싶었겠지만 학생을 가르치는 교사이기에 수업시간이라서 내게 전화를 했다. 동생의 전화를 받고 병원으로 달려갔다.

마을 총회가 있는 날이었다고 한다. 어머니께서는 아침 일찍부터 다른 사람들보다 먼저 회관에 나와 청소를 하고 회의를 마치고 나서 마을 주민들과 먹을 음식을 준비했다고 한다. 어머니는 매사에 남들보다 솔선수범하는 분이다. 주방 바닥에 떨어진 물을 밟으며 미끄러져 넘어지면서 이도 부러지고 팔도 부러지는 사고를 당했다. 그래도 이만하기 다행이라는 생각을 하고 계셨다.

수술을 해야 한다는 의사의 말에 따라 수술을 위한 검사를 받던 중이었다. 폐에 이상이 보인다고 했다. 서둘러 큰 병원으로 옮겼다. 이리저리 아는 사람을 통해 신속히 정밀검사를 받았다. 마른하늘에 날벼락이라더니 이런 일을 두고 하는 말이었나 보다.

폐, 간, 혈액, 골수, 갑상선, 임파선 모든 장기에 암이 퍼져 있다고 했다. 상황이 이렇게 심각한데 어머니는 아무 증상도 없다. 어머니를 지켜보며 가족들도 의사들도 의아해하고 있다. 식사도 잘하고 잠도 잘 주무셨다. 고통이 없는 것만도 얼마나 다행인가. 그런데 손을 쓸 수가 없고 어떠한 방법도 없다니 난감하고 하늘이 무너지는 것만 같았다. 세상이 온통 까맣다. 정신을 차렸다. 넘어져 팔이 부러졌기에 이제라도 발견해서 정말 다행이라고 치부해야 했다.

순간순간 떠오르는 그동안의 불효에 눈시울이 뜨거워지고 눈물이 주룩 흐른다. 눈물을 참으려 하루에도 수없이 하늘 쳐다보기만 하고 있다. 하늘이 까맣다. 애매한 하늘을 원망도 해 본다. 어찌 우리 어머니께서…….

어머니께서는 삶을 온통 자식과 가족을 위해 희생하고 남들에게 덕을 베풀고 사셨던 천사 같은 분이다. 자식에게 효도를 받는 것도 극구 마다하며 오직 어머니의 힘으로 자리를 지켜오셨다. 어머니는 아직 이런 사실을 모르고 계신다. 어머니에게 알려 드려야 옳은 일인지, 모르게 해야 옳은 일인지 알 수가 없다.

어머니의 마음을 내려놓고 자식들에게 하고 싶은 이야기를 할 수 있는 기회를 드려야 하는데 어떻게 알려드려야 할지 마음만 아플 뿐이다. 지금처럼 모르고 계시는 편이 나으려나?

어머니를 어떻게 보내드려야 할까? 마음은 허락하지 않지만 언젠가는 모든 것을 내려놓게 하시고 마음 편하게 보내드려야 한다. 어떻게 해야 어머니를 위해 잘하는 일인지 알 수가 없다. 어머니와의 이별을 앞두고 찢어지는 가슴을 억누르며 눈물만 흘릴 뿐 대책이 서지 않는다. 마음은 급하고 시간은 너무 빨리 흘러간다.

터지는 가슴을 억누르며 지켜보는 자식들의 마음을 모르고 부러진 팔은 시간이 지나면 나을 텐데 가족들의 정성에 너무 호강을 받는다고 미안해하신다. 자식들이 병원에 들르면 바쁜데 어서 가라고 등을 떠미신다. 어머니를 속이는 줄도 모르고 자주 병원에 드나드는 가족들에게 걱정 말라며 안심을 시키고 있으니 가슴이 더 미어진다. 날마다 하루에도 수없이 어머니와 이별 연습을 한다. 어떻게 해야 마음 편히 보내드릴 수 있을까.

어머니는 강한 분이다. 영원히 어머니는 그 자리에 꿋꿋하게 버티고 잘 계실 줄 알았는데 75세의 나이에 힘없이 우리 어머니가 무너지다니…….

어머니께서는 몸과 마음을 아끼지 않고 집안을 이끌어 오셨다. 어머니를 보내고 어찌 살 수 있단 말인가. 하루라도 우리 곁에 더 머무시기를 간절히 기도해 본다.

5

이웃사촌

이웃사촌 • 작은 호미 •
작은아버지 • 절망하지 않기 •
지금은 공사 중 •
천사의 승천 • 청개구리 •
콩깍지 • 하늘에 보내는 편지 •
효도사전에 등재된 어머니 • 웅진코디예요 외 1편 •

이웃사촌

"멀리 사는 자식보다 이웃사촌이 좋다." 라는 말이 있다.
 내가 사는 곳은 전주시 변두리에 있는 마을로 여러 가구가 옹기종기 모여 사는 전형적인 농촌 마을이다. 도시가 가까워도 농촌 풍경 그대로 논과 밭이 많은 곳이다. 거의 나이 드신 노인들이 많고 부모님과 함께 사는 젊은이들이 몇 집 있어 그나마 어린이를 볼 수 있는 조용한 마을이다. 이 마을에서 나는 29년째 살고 있다. 결혼 이야기가 오갈 때 남편이 막내아들이라서 결혼하면 분가할 줄 알았다. 내 생각과는 달리 홀로 계신 시어머님을 모시고 살아야 한다는 남편의 뜻에 따라 시어머님과 남편이 살고 있던 이 마을에서 신혼살림을 시작했다. 어린 시절부터 농촌에서 살았기에 도시에서 살아보고 싶은 꿈을 꾸고 있었다. 하지만 남편의 뜻에 따라 그 꿈을 접을 수밖에 없었다.

20년 전, 결혼한 지 9년 만에 그야말로 초가삼간 오두막집 같은 작은 집을 철거하고 새집을 짓게 되었다. 집을 짓기까지는 많이 망설였다. 여기에 새집을 지을까? 아파트로 이사를 갈까? 남편은 시어머님을 위해 이곳에 집을 짓고 살아야 된다고 뜻을 굳혔다. 남편의 뜻이 완고하기에 따르기로 했다. 새집을 짓고 터줏대감처럼 지금까지 살고 있다.

우리 마을은 농촌 마을이라서 나이 드신 어른들이 많이 살고 젊은 사람들이 거의 없다. 그러다 보니 이웃과 정을 붙이기가 쉽지 않았다. 그래도 다행히 시어머님을 모시고 살았기에 마을 할머니들이 우리 집에 가끔 놀러 오셔서 어른들을 한 분 한 분씩 알기 시작했다. 또한 그 무렵에는 마을에서 한 가구에 한 명씩 나와 새마을공동부역을 자주 했다. 남편은 직장을 다니기 때문에 여자인 내가 나가서 남자들 틈에 끼어 열심히 도왔다. 사람들이 많이 모이는 장소에 자주 참석하다 보니 그때부터 많은 사람들을 알게 되었다. 지금은 마을에 힘든 일이나 큰 행사가 있을 때는 앞장서서 해야 할 정도가 되었다. 30년을 살다 보니 마을 주민들과 정이 많이 들어 이제 도시의 아파트로 이사하기는 싫어졌다. 사람 사는 맛이 물씬 풍기는 우리 마을이 좋다.

나는 된장과 고추장, 간장은 손수 담아서 먹는다. 늦가을과 초겨울 사이에 간장과 된장을 만들기 위해 메주를 쑨다. 사방을 둘러보아도 볏짚으로 묶어 매달아야 하는데 마땅히 매달아 놓을 곳이 없다. 집을 새롭게 단장하면서 집 주변을 유리로 막아 놓은 까닭이다. 어찌 해야 할까? 이리저리 집주변을 돌아보며 궁리하고 있었다. 뒷집 유진이네 할머니께서 지나가다가 들어오시더니 할머니네 집 처마 밑에 매달아 놓자고 하셨다. 그래도 그렇지 남의 집에 냄새나는 메주를 매달아 놓기는 너무 미안했다. 된장이나 청국장 같은 우리 고유의 전통음식은 먹을 때는 맛있지만 발효과정에서 좋지 않은 냄새를 풍긴다. 그래서 사양했다. 그런데 할머니께서는

"혼자 사는 노인네 집에 메주냄새 좀 나면 어때. 우리 메주도 있는 걸."

하시며 들고 가셨다. 뒷집 처마 밑에 매달아 놓은 메주를 눈에 보이지 않으니 겨우내 잊고 있었는데 할머니가 메주를 말리고 띄워서 간장 담을 시기가 되었다며 가져 오셨다. 그리고 고맙다는 말을 하기도 전에 도망치듯 뒤도 돌아보지 않고 빠른 걸음으로 가셨다.

우리 마을은 대문이나 현관문까지도 잠그는 집이 별로 없다. 우리 집도 종일 대문이 활짝 열려 있어 늘 마당이 훤히 보인다. 딸들은 학교로, 남편과 나는 직장으로 출근하고 나면 낮에는 텅 빈집이지만 집 안에 없어진 물건은 아직까지 없다.

이웃 사람들과 사이좋게 지내다 보니 집에 사람이 없어도 농기구가 필요하면 쓰고 제자리에 다시 가져다 놓는다. 내 것과 네 것을 가리지 않고 편하게 살고 있다. 가끔 채소나 음식이 우리 집 식탁 위에 놓여 있을 때가 있다. 마을 할머니들이 텃밭에서 손수 기른 채소를 깨끗이 다듬고 씻어서 가져다 놓고 간 것이다. 누가 가져다 놓은 줄도 모르고 먹을 때가 많다.

어느 해 봄에는 이런 일들도 있었다. 우리 집 텃밭에 상추, 쑥갓, 아욱, 등 여러 가지 채소를 심었다. 잡초가 채소와 함께 무성하게 크기 시작했다. 채소보다 잡초가 더 빨리 자랐다. 쉬는 날에 깨끗이 풀을 뽑아 줄 계획이었다. 그런데 아무도 없는 사이에 마을 할머니들이 오셔서 잡초를 뽑고 밭을 깨끗이 메어놓았다.

어느 해 김장철에도 큰 통에 배추를 수북하게 소금에 절여 놓고 출근했다. 낮에 근무하고 저녁에 씻어 김장할 요량이었는데 퇴근해서 집에 돌아오니 마을 할머니들이 그 많은 배추를 깨끗이 씻어 수북하게 쌓아 놓은 것이 아닌가. 전래동화 ≪콩쥐팥쥐≫에서 나오는 콩쥐가 천사의 도움을 받아 모든 일을 척척 해냈듯이 우리 마을 할머니들도 나에게는 콩쥐팥쥐에 나오는 천사 같은 분들이다.

"의화 엄마!!"

오늘 아침 옆집 아줌마가 담 너머에서 큰 소리로 나를 부른다. 의화는 큰딸 이름이다.

"예." 하고 대답하며 얼른 뛰어 나갔다.

우리를 주시려고 새벽에 일찍 일어나 담으셨다며 맛있게 보이는 물김치를 담 너머로 넘겨주셨다.

옆집 아줌마는 친정엄마처럼 고마운 분이다. 아줌마도 딸이 없어 내가 딸처럼 느껴진다고 한다.

우리 마을 할머니들은 내 이름을 "의화 엄마"라고 부르는데 의화 엄마는 마을 어른들로부터 많은 사랑을 받고 있다. "열심히 사는 모습이 예쁘다."라고 격려를 해주곤 한다.

나와 남편이 우리 마을을 위해 특별히 하는 일은 많지 않다. 어른들이 하기 어려운 작은 일을 성의껏 도와드리는 것뿐이다. 어려운 일이 생기면 우리 집에 찾아오신다.

우리에게는 사사로운 일이지만 할머니들이 하기에는 번거로울 수도 있는 일들을 부탁하러 오신다. 보안등이 고장 나서 골목길이 어둡다든지, 퇴근길에 마트에 들려 필요한 물건을 사다 달라는 작은 일들이다.

'이웃사촌'이란 말이 있다. 세상이 각박해지면서 매우 낯설게 들리는 말이다. 요즘은 아파트의 경우 위아래 층이나 옆집에 누가 사는지도 모르고 지내는 사람이 있다고 한다. 하지만 우리 마을은 이웃사촌이란 말을 실감하며 서로 도우며 살고 있다. 이웃과 정겹고 좋은 말로 인사를 나누고 서로 정을 주고받는 그래서 멀리 있는 자식보다 이웃사촌이 좋다는 말을 발견할 수 있는 그런 삶이 되도록 더 노력하며 살고 싶다.

작은 호미

 우리 집 울안에는 소일거리로 채소를 가꿀 수 있는 조그만 텃밭이 있다. 봄이면 땅을 파고 여러 가지 채소를 심는다. 새싹이 돋아나면 사랑스럽고 너무 예쁘다. 새벽에 일어나 소쿠리를 들고 나가 밤이슬 맞은 싱싱한 채소를 뽑아 오는 재미는 이루 말할 수 없다. 필요할 때마다 텃밭에서 뽑아다 먹는 채소는 싱싱해서 좋다. 시장에서 사다 먹는 것에 비교가 되지 않는다.
 작은 텃밭이지만 땅을 파고 채소를 심으려면 갖가지 농기구가 필요하다. 작은 텃밭이라고 해도 넓은 밭이나 똑같이 농기구가 필요하기는 마찬가지다. 호미, 삽, 괭이 등등. 그 중에서 삽과 괭이는 금방 사온 것이나 다를 바 없다. 사올 때나 오랜 세월이 지난 지금이나 모양새가 변함이 없다. 그런데 호미는 어른의 손바닥만큼 크던 무쇠가 닳아 숟가락만 하게 남아있어 호미가 작은 장난감 같다. 내 친구는 작은 호미를 보면 내버리고 큰 걸로 하나 사지 그까짓 호미가 몇 푼이나 된다고 그렇게 작은 호미로 힘들게 밭을 매고 있냐고 성화를 대고 핀잔을 준다.

그 호미는 예사 호미가 아니다. 내버리지 못하고 쓰는 이유가 있다. 친정할머니께서 쓰던 호미이기 때문이다. 잡초를 뽑아내고 밭을 맬 때는 편하고 좋아 할머니가 돌아가신 뒤 우리 집으로 가져왔다. 얼마나 밭을 많이 맸으면 무쇠가 닳고 닳아 숟가락처럼 작게 됐을까? 비가 오는 날을 제외하고는 날마다 밭을 매던 할머니 모습이 눈에 선하다. 밭이 많아 한 바퀴 매고 나서 돌아서면 또 처음 맸던 밭에 잡초가 수북해져 다시 돌아서서 매야 했다.

할머니께서는 아버지와 어머니의 일을 도와주시려고 매일 밭에 나가 잡초들과 씨름하며 일을 거들곤 하셨다. 어떤 때는 밭을 매는 일이 힘들고 지겨웠던지 한숨을 쉬시며 호미로 땅을 푹푹 찍어내듯 파는 모습을 본 적이 있다. 그 호미를 보면 할머니의 힘들어하시던 모습도 그려진다.

할머니는 내가 여섯 살 때 우리 집으로 오셨다. 어렸을 때는 몰랐지만 한참 큰 뒤에야 아버지를 비롯하여 삼촌과 고모들을 낳은 할머니가 아니라는 것을 알았다. 할머니가 우리 집에 오시던 날이 어렴풋이 기억난다. 아침에 눈을 떠보니 모르는 할머니가 할아버지 방에 앉아 계셨다. 어린 나는 손님인 줄 알았는데 아버지께서 할머니라고 하시는 말씀에 그때부터 우리 할머니로 알고 살았다.

아버지를 낳으신 친할머니는 내가 세 살 때 병으로 고생을 하다가 돌아가셨다. 친할머니가 돌아가신 것은 너무 어렸을 때라서 전혀 기억이 없다. 친할머니의 얼굴도 모습도 기억나지 않는다. 친할머니의 모습은 벽에 걸린 초상화로 알 수 있을 뿐이다. 친할머니가 돌아가시던 해 할아버지 연세는 50세였다고 했다. 너무 젊은 나이였다.

아버지와 어머니께서는 할아버지께서 젊은 나이에 혼자 되셔서 새할머니를 모셔야 된다고 마음먹고 신경을 많이 쓰셨다고 했다. 아버지는 할아버지 친구 분과 주위 사람들에게 참한 할머니를 소개하라고 부탁하고 다니셨다고 했다. 아는 분으로부터 할머니를 소개받고 할아버지는 선을 보지도 않고 아버지가 찾아가 할머니를 모셔왔다고 했다. 할머니는 아버지를 보시고 아들의 효심에 감탄하여 어머니가 되어주기로 마음먹고 따라 오셨다고 했다. 그 뒤로 40년을 우리 가족과 함께 정을 나누고 사시다가 8년 전에 돌아가셨다.

우리 할머니를 계모로 보는 사람은 아무도 없었다. 아버지와 어머니, 삼촌, 고모 모두가 할머니를 잘 모셨고 할머니 또

한 모든 정을 가족들에게 쏟으며 사셨다.

　할머니는 아이를 낳지 못하는 분이셨다. 우리 집에 처음 오실 때는 할아버지를 보고 오셨지만, 6남매 자식들과 손자와 손녀가 3명이나 있었으며 차츰 손자 손녀들이 태어나고 가족이 늘어나면서 힘도 들었을 것이다. 그래도 동화책에서 읽었던 계모들의 모습은 전혀 찾아볼 수 없었고 힘든 표현도 하지 않고 잘 사셨다. 할머니는 할아버지께도 주위 사람들로부터 할아버지가 여복이 많다고 하실 정도로 잘하셨다. 할머니께서는 어느 자식에게도 편애하지 않고 모두에게 잘하셨다. 농사를 지어 곡식을 수확하면 자식들에게 골고루 똑같이 나누어 주셨다.

　할머니가 싫어하시는 일은 농사일인 것 같았다. 눈만 뜨면 논밭에 나가 일을 해야 했으니 지겹기도 했을 것이다. 예로부터 농촌 부자는 일이 많다고 했다. 우리 집은 쉬는 날도 없고 농한기도 없이 바쁘기만 했다. 그때는 어려운 시절이라서 농촌에서는 일이 많아야 먹을거리가 많이 생겼다. 채소나 곡식들을 장에 내다 팔아서 돈을 모아야 했다. 세월이 흐르면서 아버지와 어머니는 영농기술을 익혀 논과 밭에 특수작물들을 많이 재배하면서 더 잘사는 방법도 터득하고 무척 바쁘게 사셨다. 그러면서 일은 더 많아지고 날이면 날마다 힘든 농사일을 도와야 했으니 연세가 많은 할머니는 힘이 드셨을 것이다. 일을 할 때면 가끔 짜증스러워하시는 모습을 볼 때가 있었다.

할머니는 밭을 매는 솜씨는 정말 대단하셨다. 할머니와 어머니 그리고 고모가 같이 나란히 앉아 밭을 매면 그 작은 호미로도 제일 앞서 나가곤하셨다. 오랜 동안 작은 호미를 쓰셔서 할머니 손에 익숙해졌겠지만 밭을 매는 속도가 무척 빨랐다. 지금은 텃밭을 맬 때 그 호미를 내가 쓴다. 정말 가볍고 참 좋다.

할머니는 밭을 매실 때 가끔 화가 난 것처럼 호미로 땅을 푹푹 찍어 내셨다. 왜 그랬을까? 그때는 몰랐다. 할머니의 애달픈 심정을 어린 내가 어찌 알 수 있었을까? 하지만 지금은 알 것 같다. 엄하신 호랑이 할아버지의 뜻을 받들기는 여간 힘든 일이 아니었다. 할아버지의 집안 정치 또한 무척 엄하셔서 마음대로 옆집에 마실 한번 가지 못하고 사셨다. 그리고 할머니께서 배 아파 낳은 자식이 한 명도 없으니 아기를 낳지 못하는 여자의 심정은 오죽했을까? 할머니 한 몸 의지하려고 우리 집에 오셔서 많은 일을 하고 사셨다. 삼촌들이나 고모들이 무척 잘해주셔서 소리 없이 잘 사셨지만 많이 힘드셨으리라. 자식들에게 변함없이 잘해주시고 정도 많으셨다. 이제 조금이나마 할머니의 마음을 알 것 같은데 곁에 계시지 않으니 마음뿐이다. 작은 호미를 볼 때마다 할머니가 그립다.

작은아버지

"아가! 잘 지냈냐? 집에 별일 없지?"

이따금 전화를 주시며 안부를 묻는 작은아버지의 다정한 목소리다. 전화벨이 울리고 작은아버지의 목소리가 들리면 송구스럽기 그지없다. 쉰을 훨씬 넘긴 나이인데 작은아버지는 지금도 내가 애기로 보이나 보다. 예나 지금이나 내 이름을 아가라고 부른다.

"아가!"

부드럽게 부르는 작은아버지의 목소리가 들리면 내가 정말 애기가 된 것처럼 더 정을 느낀다. 내가 먼저 전화를 드리고 자주 찾아뵈어야 도리인데 늘 작은아버지가 먼저 전화를 주신다. 그렇다고 한가하신 분도 아니다. 사업하랴, 봉사활동하랴, 하는 일이 많아 늘 바쁘게 생활하면서도 틈을 내어 조카들까지 챙겨주신다. 나뿐 아니라 많은 조카들에게 가끔 전화를 해서 근황을 물어 보고 살펴주신다. 많은 조카들의 이름도 모두 아가다. 정말 인정 많고 자상한 작은아버지시다.

　나는 작은아버지가 두 분 계신다. 인자하고 자상한 아버지 같으신 작은아버지와 나보다 나이가 한 살 더 많은 친구 같은 막내 작은아버지 두 분이다. 막내 작은아버지를 어릴 적에는 삼촌이라고 부르며 따랐지만 삼촌이 결혼한 뒤부터는 작은아버지라고 불러야 된다는 할아버지의 말씀이 있었기에 작은아버지라고 부르기 시작했다. 하지만 한 살 차이의 친구 같은 작은아버지는 삼촌이라고 부르는 것이 더 좋았다. 호칭을 바꿔 부른다는 것이 습관이 되어서인지 쉽지가 않았다. 어려서 할머니 할아버지 품에 안겨 말을 배우면서부터 부른 애기삼촌의 호칭은 너무 좋다. 작은아버지란 호칭은 어린 삼촌에게는 어른스럽게 들릴 뿐더러 거리감이 있는 것 같아 삼촌의 호칭이 좋다.

　어느 집을 보든 그 가정의 웃어른들이 우애하고 잘하면 아랫사람들은 본을 받아 그대로 따라서 우애하게 되고 정답게 잘 지낸다.

　각 가정마다 내세울 만한 자랑거리가 몇 가지씩은 있을 것이다. 우리 집의 자랑거리는 형제간의 우애다. 다른 집에 비해 우리 집은 형제들이 많은 편이다. 아버지 형제가 6남매, 어머니 형제도 6남매다. 그리고 우리 형제도 6남매다. 가족이 많다 보니 집안에 크고 작은 행사들이 많다. 온 가족이 모여야 하는 행사가 있을 때마다 사촌들까지 모두 모인다. 많은 가족이 모여도 서로 이해하고 나보다는 다른 형제들을 생각하며 의견 충돌이나 얼굴을 붉히는 일은 전혀 없다. 지금껏 한 번도 마음 상한 일은 없었다. 이 모두가 어머니와 아버지가 할아버지 할머니를 잘 모시고 공경하며 효도하는 것을 보고 자랐고 또 작은아버지가 뒷받침이 되어 이해하고 감싸며 우애하고 지내는 것을 보았기 때문이라고 생각한다. 우리 남매에게는 그분들의 행동이 산 가정교육이었다.

아버지가 돌아가신 뒤 작은아버지께서는 선산을 관리하는 일이며 어른으로서 집안을 이끌어 가는 일까지 아버지가 하시던 일을 그대로 도맡아 하셨다. 오히려 아버지보다 더 잘하시는 것 같았다. 작은아버지는 아버지께서 하던 일을 보고 배운 거라고 하셨지만 아버지보다 더 관심과 정성을 보이셨다. 그리고 형수인 어머니를 부모처럼 어쩜 그토록 극진히 잘 하시는지 자식들인 우리보다 오히려 더 잘하셨다. 날마다 조석으로 안부전화를 드리며 살피시고 가끔 찾아뵙는 일도 게을리하지 않으셨다. 자식인 우리도 바쁘다 보면 언제 전화를 드렸는지 모르고 며칠이 훌쩍 지나곤 할 때가 있다. 하루도 빠지지 않고 전화를 드리는 것은 인정이 많고 자상하신 작은아버지의 성품이다.

　어머니께서는 가끔 말씀하셨다. 그 옛날 식구는 많고 흉년이 들어 먹을 것이 부족하던 시절에 작은아버지는 할아버지 할머니보다는 어머니를 더 많이 생각하셨다고. 작은아버지는 아버지 어머니께 무척 잘하셨다. 유난히 조카들도 예뻐했으며 가족을 사랑하는 마음이 남달랐다. 아버지께서 병석에 누워 오랫동안 고생하실 때도 우리 자식들보다 아버지를 위해 정성을 다해 사방으로 좋다는 단방약이며 암에 좋다는 약은 모두 구해서 아버지께 드렸다. 아버지를 살릴 수만 있다면 작은아버지의 전 재산과도 바꿀 수 있다고 하신 분이다. 결국 아버지께서는 그런 작은아버지의 정성과 마음을 저버린 채 하늘나라로 가셨다.

　요즘 작은아버지의 얼굴에 주름이 깊게 파이고 몸도 안 좋으신지 부쩍 수척해 보이신다. 칠순이 가까워지니 그렇기도 하겠지만 내 눈엔 항상 패기가 넘치고 인정 많고 자상한 젊은이로 보였었다. 아버지의 짐을 무겁게 이어받은 작은아버지. 우리 집안의 기둥이시다. 몸 건강히 아버지의 빈자리까지 오래오래 채워주셨으면 좋겠다.

절망하지 않기

 마을 어르신이 나에게 덩치가 산만 하다고 하신 말씀이 잊히지 않는다. 그렇다고 기분이 나쁘지도 않다. 여자 체격으로는 큰 편이라서 그런 말씀을 하셨을 거다. 정말 덩치는 산만하고 건강하게 생겼다. 어느 누가 나를 암환자라고 하겠는가? 하지만 나는 지금 J대학교 부속병원에서 방사선 요오드치료를 받고 있는 중이다. 어제 입원하여 동위원소라는 치료약을 복용하고 하루를 혼자 지냈다. 입원하기 전에 이에 대한 교육을 받았는데 혼자 독방에서 외부와 격리되어 4일을 견뎌야 하거니와 심한 구토와 현기증으로 고통이 따른다는 이야기를 들어서 조금 무섭기도 하고 겁도 났다. 내일 아침부터는 구토와 속이 매스꺼운 증세가 나타날 거라는 간호사의 이야기가 있었다. 간호사 말에 의하면 약을 복용하고 하루가 지났으니 증세가 나타날 때쯤 되었는데 구토나 현기증 증세는 없으니 다행이다. 의사선생님 말씀이 간혹 가볍게 지나가는 환자도 있다고 했다.

주위에서 암에 걸려 수술했다는 이야기를 들으면 그 당사자는 곧 죽을 것처럼 생각이 들었다. 아무리 의술이 발달했어도 환자 본인에게는 "나을 거야. 걱정 마."하고 희망적인 이야기를 해주지만 마음속으로는 안됐다는 생각이 들었다. 그렇게 무서운 병이 암이 아닐까?

2009년 9월 우연히 발견한 갑상선 암! 1년 전부터 혈압이 있어 주기적으로 병원에 다니며 약을 복용하고 있다. 내가 다니는 사무실 1층에 내과가 새롭게 개원해서 이왕이면 다니기 편하게 가까운 곳으로 옮기기로 하고 병원을 찾았다. 오가며 만나면 인사를 하고 지낸 의사선생님이라서 편했다. 나를 보더니 갑상선 검사를 해봤느냐고 물었다. 아마 의사선생님이 보기에 목이 이상해 보였던 모양이다. 나는 갑상선에 대해서 조금도 의심해 본 적이 없다. 의사선생님의 권유로 초음파 검사를 하게 되었다.

2009년 5월 말, 대학병원에 갔다. 초음파 검사를 시작했다. 젤을 목에 바르고 초음파를 시작하더니 고개를 갸우뚱거리며 자꾸 이상하게 한곳을 후벼 파듯 눈여겨보고 있다. 의학 지식이 없는 나도 의사선생님의 표정으로 무언가 이상이 있다는 걸 느낄 수 있었다. 검사를 마치고 난 의사선생님은 소견서를 써 줄 테니 큰 병원에 가서 다시 정밀검사를 받아보라는 것이다. 소견서를 들고 대학병원으로 가면서도 내가 갑상선암일 거라는 생각은 조금도 의심하지 않았다. 뭔지는 모르지만 염증이 조금 생겼겠지 생각했다.

병원은 아픈 사람들이 찾는 곳이다. 특히 대학병원은 종합병원이다 보니 여러 종류의 병을 가진 환자들이 모이겠지만 환자들이 너무 많아서 놀랐다. 이렇게 아픈 사람들이 많다니, 나도 모르게 한숨이 나왔다. 대기번호표를 뽑고 한참 기다리자 내 순번이 돌아왔다. 검사를 받으러 왔다고 했더니 내분비대사내과에 한 달 후로 예약 날짜를 잡아 주었다.

"빨리 안 되나요? 조금이라도 앞당겨 주면 안 될까요?"

떼를 써도 안 될 줄 뻔히 알면서도 억지를 써 보았다.

"앞에 날짜는 예약된 환자들이 많아서 안 됩니다. 그날이 제일 빨라요."

말하는 순간에 이미 예약접수는 완료가 되어 수납내역서와 예약접수증이 나왔다. 궁금한 것은 얼른 알아야 마음이 편하지만 상황이 그러하니 기다리자고 마음을 달래며 병원을 빠져나왔다. 그 후 열심히 내가 할 일에 충실하다 보니 갑상선에 이상이 있다는 걸 잊고 있었다.

예약 전날 핸드폰으로 "대학병원 내분비대사내과 내일 3시에 예약" 이란 문자메시지가 왔다. 참으로 살기 좋은 세상이다.

　조직검사를 하는 과정이 어찌나 아프던지 검사 도중에 못 견디게 아파 하니까 의사선생님이 목에 마취약을 더 바르고 나중에 하자면서 기다리라고 했다. 그렇게 아파 보기는 난생처음이다. 초음파로 이상이 보이는 부위에 긴 주사기 같은 것을 집어넣어 조직을 떼어냈다. 혹이 많아 15번이나 했다. 이렇게 몸속에서 혹이 많이 생길 때까지 모르고 살았다. 이 정도 진행까지는 시일이 꽤 걸렸을 건데 아무런 증세도 없었다. 갑상선에 이상이 있으면 무척 피곤하다는데 피곤한 줄도 모르고 살았다.

　어렵게 조직검사를 하고 한 주 후에 결과를 보러 갔다.

　"주변에 암으로 고생하신 분이 계세요?"라고 의사 선생님이 물었다. 친정아버지께서 위암으로 돌아가셨다. 그래서 자주 건강검진을 받았는데 갑상선은 생각지도 못했다. 그곳에서 암이 숨어있었다니! 병원을 빠져나오며 나도 모르게 눈물이 자꾸 나왔다.

　"이제 나는 죽는구나!"

　입버릇처럼 나는 백 살까지 살 거라고 장담하고 살았건만 영원히 살 것처럼 죽음은 생각해 본 적이 없었다. 제일 먼저 떠오르는 것은 친정어머니였다. 딸자식인 내가 죽을 거라고 생각하니 친정어머니 생각부터 났다. 내가 먼저 죽는다면 어머니 마음이 얼마나 아플까? 어머니 생각을 하니 자꾸 눈물이 나왔다. 눈물범벅이 되어 주차장으로 나왔는데 차를 어디에 주차했는지 기억이 없어 한동안 이리저리 헤매다가 한참 후에야 내 차를 찾았다. 정신을 차렸다. 멍하니 시동을 걸지도 않고 많은 생각을 하고 있는데 남편으로부터 전화가 왔다. 무척이나 결과가 궁금했을 텐데 결과를 알려주는 것을 잊고 있었다.

"암이래요."

남편도 믿기지 않는 모양이다.

"뭐라고? 다시 말해 봐." 하며 되물었다.

"암이라고!"

자신에게 화가 난 것을 남편에게 큰소리로 답했다.

거울을 들여다보았다. 2주간 요오드가 들어 있는 음식을 전혀 먹지 않는 식이요법을 하면서 얼굴이 많이 부었다. 동위원소라는 약을 먹고 치료 중인 지금은 더 많이 통통 부어 내가 아닌 딴사람이 되어 있다. 거울 속의 나를 보며 많은 위안을 가졌다. 나보다 더 심한 사람들도 많지 않은가? 먹지도 못하고 말도 못하는 사람들보다 나는 치료만 잘하면 생명에는 지장이 없다고 하지 않는가? 참자. 이겨내자. 견디자. 힘내자. 내 자신과 무언의 대화를 주고받았다. 그리고 굳게 약속을 했다. 절대 절망하지 않기로.

지금은 공사 중

　지난 수업 시간에 교수님께서 '지옥과 천국이 지금은 공사 중'이란 이야기를 들려 주셨다. 지옥과 천국이 우리나라 사람들 때문에 공사 중이라는 이야기에 귀를 쫑긋 세우고 들었다. 지옥의 불가마에 온도를 높이려고 지금 공사를 하는 중이라는 이야기를 들으며 무슨 이야기를 하려고 저러실까? 궁금증이 커졌다. 이윽고 지옥으로 빠진 사람들 중에서 우리나라 사람들은 찜질방을 많이 다녀 어지간해서는 뜨거운 줄을 모르니 더 뜨겁게 공사를 하는 중이라는 이야기에 한바탕 웃고 수업을 시작했다.

어렸을 적에 할머니께서 옛날이야기를 해주시며 덧붙여 착하게 살라는 말씀을 하시려고 어린 손자들에게
"나쁜 짓을 하면 지옥에 간다."
하셨다. 나쁜 짓을 한 사람들을 잡아다가 지옥의 불 속에 넣는다고 하신 할머니 말씀이 또렷하게 기억이 난다. 그 이야기를 들으며
"무서워. 무서워."
하며 할머니 품안으로 안겼다. 그 옛날 어린 우리들에게 제일 무서웠던 것은 호랑이, 귀신, 그리고 지옥 이야기였다. 옛날이야기는 왜 그리 무서운 이야기가 많았는지 모르겠다.

지금도 할머니의 이야기 중에서 또렷이 기억에 남아있는 것은 모두 무서운 이야기들뿐이다. 할머니께서는 손자들을 놀려주려고 무서운 이야기들만 해주셨던 것 같다. 지금처럼 텔레비전도 없었던 시절, 학교에서의 교육 외에 오직 부모님들의 행동과 들려주는 이야기가 교육의 전부였다.

정말 천국과 지옥이 있는 걸까? 예나 지금이나 무척 궁금하다. 사실 어렸을 적 할머니께서 들려주셨던 지옥의 불구덩이가 지금은 찜질방으로 비유된다. 건강에 좋다며 일부러 살과 땀을 빼려고 들락거리는 게 그 찜질방이 아닐까? 찜질방을 다니면서 가끔 무시무시하다는 지옥의 불구덩이는 어떻게 생겼을까 궁금했다.

무엇이든 같은 일을 반복하거나 자주 하다 보면 면역이 되

기 마련이다. 처음 찜질방에 갔을 때는 뜨거워서 전혀 들어가지도 못했다. 한 번 두 번 다니다 보니 지금은 찜질방의 온도가 조금이라도 더 높고 뜨거워 땀이 많이 나는 곳을 찾아다닌다. 그러니 이런 익살스런 말이 나올 법하다.

  대부분 뜨거운 찜질방에 가보면 바닥에는 볏짚으로 만든 멍석이 깔려 있다. 찜질방 전체가 황토라서 앉아서 땀을 빼는 곳마다 멍석이 놓여 있다. 찜질방 벽은 온통 나무를 태우면서 나오는 연기로 인해 까맣게 숯가루를 발라 놓은 것처럼 시커멓다. 온도를 최대한 높여야 좋은 찜질방이라고 소문이 나고 손님들이 많이 찾아오니 찜질방 주인도 온도 높이기에 힘을 다할 것이다. 뜨거워서 5분도 견디기 힘든 곳에 몇 번씩 들락거리다 보면 뜨거우면서도 시원함은 말로 표현하기 어려울 만큼 짜릿하다.

  뜨거운 찜질방의 멍석 위에 앉아 이야기하며 놀다가 뜨거워서 견딜 수 없어야 나오곤 한다. 친구들과 이야기를 나누며 긴 시간을 보내기에는 정말 좋은 장소다. 그렇게 몇 번씩 반복해서 드나들다 보면 땀으로 노폐물이 빠지고 뭉쳤던 근육이 풀려 몸이 가뿐해진다.

  그러니 지금 지옥에 있는 죄인들이 어지간히 온도를 높여서는 벌이라고 느끼지도 못할 것 같다. 그래서 공사를 다시 한다는 유머도 나올 성싶다. 어쩌면 지옥의 벌을 다른 방법으로 바꿔야 할지 모를 일이다.

천사의 승천

　어머니께서 병석에 누우신 지 3개월째다. 요즘은 하루가 다르게 야위어간다. 자식들과의 인연을 놓으시려는 어머니를 지켜보면 가슴이 찢어진다. 지금 어머니께서는 자식들이 입에 넣어 드리는 물과 미음을 힘겹게나마 삼키고 계신다.
　죽음에 대한 두려움일까. 아니면 고통 때문일까.
　아마 눈을 감으면 그대로 영영 이 세상이 마지막일 거라는 무서운 생각 때문일지도 모른다. 억지로 눈을 크게 뜨고 뚫어져라 천장만 바라보고 계신다. 두려움과 고통 때문에 잠은 멀리 도망갔으리라. 어머니께서는 시간이 가는 줄도 모르고 낮인지 밤인지 구별도 못하신다. 가끔 시간을 물어 보신다. 어떤 시간을 기다리시기에 시간이 궁금하실까? 고통 속에서도 끝까지 자식들 걱정을 놓지 않으신다.
"자거라!"
"밥 먹어라."
그런 상황에서도 힘들게 한 마디씩 하시며 자식들을 챙기신다.
오늘도 무엇을 해드려야 할까, 어느 것이 어머니의 입맛에 맞을까 생각하며 고민을 한다. 미음 한 숟가락이라도 더 드시게 하려고 매일 신경을 쓰지만 이러다가 언제쯤 식음을 놓으실지 더 걱정이다. 마음은 급하고 어머니께서 좋아하고 몸에 좋은 음식을 생각해내어 구하여 깨끗이 씻어 토막을 내고, 잘게 자르고, 또 갈아서 미음을 만들고, 그러다 보니 미음박사라도 되었을까. 처음 병명을 알았을 때는 소화기능 부분은 이상이 없어 식사를 잘하셨다. 그나마 다행이라고 생각했다. 차츰 식사량이 줄고 밥에서 죽으로 죽에서 미음으로 변해갔다. 지금 조금씩 드시는 미음마저 못 드시게 될 걸 생각하면 가슴이 답답하다.
한 손에는 어머니를 간호하고 있는 가족들이 먹을 음식과 또 다른 손에는 어머니께서 드실 미음을 들고 병실로 들어가며 '엄마!' 하고 불렀다. 오늘은 대답도 안 하신다. 어제보다 더 힘드신 것 같다. 누워 계시면서도 '어서 와라!' 하고 손을 들어 반겨주시던 어머니께서 끔찍이도 생각하는 큰딸의 목소리를 듣고도 아무 반응이 없으시다. 말없이 그대로 계실 정도면 무척 힘들고 숨이 가쁘신 모양이다. 며칠 전까지만 해도 살 수 있다고, 나을 거라고 하며 희망과 긍정의 힘으로 버텨 오셨다. 최선을 다하는 자식들의 정성을 보아서 1년만이라도 더 살았으면 좋겠다고 말씀하셨다. 우리는 어머니의 그런 마음에 감사했다.

"엄마, 어디가 불편하고 아프면 말씀하세요."
"내가 아프다고 말하면 너희 마음만 아픈데……."
하시며 견디기 힘들다는 무서운 암의 통증을 자식들에게 보이지 않으려고 참으셨다. 참고 참다가 견디기 힘들면 진통제를 가리키며 달라고 하신다. 그러면 우리는 어머니께서 많이 아프시다는 것을 짐작한다. 몸이 아프면 짜증이 나는 것은 당연한데 한 번도 얼굴을 찌푸리거나 짜증을 내지 않으신다.

천사는 아픔과 고통을 모르는 걸까? 전혀 아프지 않은 사람처럼 얼굴은 너무도 편안한 표정이다. 요사이는 윤기가 없어지고 혈기를 잃어가고 있다. 그렇지만 온화하고 편안한 모습은 그대로다.

지금 어머니의 심정이 어떠실까? 죽음이 눈앞에 있다는 것을 어머니도 알고 자식들에게 당부의 말씀과 이별의 준비를 모두 마쳤다. 눈에 넣어도 아프지 않을 6남매 자식들을 두고 다시는 돌아올 수 없는 하늘나라로 가시려는 어머니의 마음을 생각하면 그저 암울할 뿐이다. 집안 걱정, 자식 걱정 모두 내려놓으시라고 해도 당신의 힘든 고통을 참고 견디면서 한결같이 자식들 걱정만 하신다.

우리 어머니는 마을에서 천사라고 불리셨다. 마음이 고우셔서 자식과 친인척뿐만 아니라 어느 누구에게도 당신의 몸을 아끼지 않고 희생하며 살아오셨다. 장손 며느리로서 집안에서도 힘든 일을 도맡아 하며 가족의 우애와 화목을 위해 힘겨운 일들을 어머니 혼자 감수하며 사셨다. 스무 살 어린 나이에 같은 나이의 아버지와 얼굴도 보지 않고 결혼한 지 3년 남짓 되어 시어머니는 돌아가시고, 다섯 명의 시동생들을 어머니께서 도맡아야 했다. 병환에 계신 할머니께서 돌아가시기 전에 장남인 아버지를 결혼시키려고 애쓴 나머지 공부를 더 하고 싶어하던 아버지를 용케 꾀어 결혼시키셨다고 한다. 할머니의 젖을 떼지도 않은 어린 세 살배기 시동생이 엄마를 부르며 젖을 찾고 울부짖을 때, 등에 업고 같이 뜨거운 눈물을 쏟으며 우셨다는 어머니. 할머니가 돌아가신 뒤 농사일이 서툰 어머니는 옆집 아줌마가 콩을 심으러 가면 어머니도 콩을 심으러 가고, 깨를 심으러 가면 어머니도 깨를 심으러 가셨단다. 또 볍씨를 담그면 어머니도 따라 볍씨를 담그며 농사일을 배우셨다고 했다. 아프시기 전까지만 해도 어머니는 마을에서 소문난 농사꾼이셨다. 농사를 천직으로 알고 사셨던 어머니. 땅을 파고 또 파서 4모작, 5모작까지 하며 5남매 시동생들과 6남매 자식들을 올곧게 가르치고 키워주셨다.

지상에 있던 천사는 거의 하늘로 갔다고 한다. 지상에 마지막 남아있는 천사는 오직 우리 어머니뿐일 것이다. 지상의 천사, 우리 어머니께서 이제 이승에서 애썼던 자기의 육신을 이 땅에 돌려주고 영혼만 하늘나라로 승천하시려나 보다. 이제 겨우 자식들에게 효도를 받으실 때가 되었는데 이렇게 가시려고 하다니 가슴이 미어진다. 산소마스크에 의지하고 힘겹게 숨을 몰아쉬며 생사를 가늠하지 못하시는 어머니, 지금 이대로라도 우리 자식들 곁에 좀 더 머물러 주시기를 두 손 모아 빌고 또 빈다.

청개구리

 내일은 비가 오려나 보다. 마파람을 타고 개굴개굴 울어대는 청개구리의 요란한 울음소리가 집 안으로 파고든다. 시끄러울 정도로 목이 터져라 울어대는 청개구리들의 합창소리가 농촌에서는 여유를 느낄 수 있는 아름다운 자연의 노래이기도 하다. 자연과 함께 어울려 농촌에서 산다는 게 참 행복하다. 청개구리가 울어대는 이유를 모르는 사람은 아무도 없을 것이다.
 어린 시절 초등학교 국어책에 청개구리 이야기가 실려 있었다. 엄마가 냇가로 가자 하면 산으로 가고 산으로 가자 하면 냇가로 가는 등 엄마의 말을 지독하게 듣지 않던 청개구리 이야기다. 그 엄마 청개구리가 죽으면서 유언을 남겼다.

"내가 죽거들랑 냇가에 묻어다오."

냇가에 묻어 달라고 하면 산에 묻어 줄 것 같아 엄마 청개구리는 냇가에 묘지를 만들어 달라고 했다. 청개구리는 엄마가 돌아가신 뒤, 그동안에 엄마의 말을 듣지 않았던 것을 후회하고 뉘우치며 엄마의 유언대로 냇가에 무덤을 썼다. 그때서야 철이 든 청개구리는 비가 오면 엄마의 무덤이 떠내려 갈까 봐 개굴개굴 울어댄다고 한다. 엄마가 살아계실 때는 '개굴개굴' 하고 울지 않고 '굴개굴개' 하며 울었다는 재미있는 청개구리 이야기다.

해가 질 무렵 청개구리가 집 안으로 기어 들어오면 아버지께서는 내일은 비가 오겠다고 말씀하셨다. 비가 오려면 집 안의 장독대 주변에서 유난히 청개구리가 눈에 많이 띄었다. 그때도 아버지는 그렇게 말씀하셨다.

옛날 어른들은 그런 사실을 어찌 알았을까? 국어책에 나오지도 않았으며 배우지 않았을 시대에도 청개구리의 움직임을 보고 날씨를 미리 예측하던 것을 보면 참으로 신기한 일이다. 앞마당과 넓은 뜰이 있던 우리 집은 토종닭을 놓아 먹이며 키우고 있었다. 우리 집 지킴이 역할을 했던 흰 개는 목에 줄을 메고 대문 옆에서 집을 지키고 있었고 그 옆에는 늘 여유로워 보이는 어린 고양이도 낮잠을 즐기며 같이 살았다. 그때 가끔 이런 광경이 눈에 띄었다. 사뿐사뿐 뛰어 다니는 청개구리를 덩치가 큰 토종닭은 눈 깜짝할 사이에 삼키고 말았다. 청개구리는 닭의 먹이가 되었다. 어린 고양이는 청개구리를 잡아 발로 놀리며 도망치지 못하게 하고 장난감으로 여기며 놀던 모습도 보았다.

  어린 시절 시골에서 살았다면 청개구리를 만지는 것쯤은 예사로운 일이다. 청개구리를 잡아 손바닥에 올려놓고 장난치며 놀았던 일도 있었다. 청개구리는 얼마나 불안했을까? 눈을 동그랗게 뜨고 있던 청개구리의 모습이 생생하다. 어린 시절에는 왜 그렇게 청개구리를 괴롭혔는지 모르겠다. 돌이켜보면 청개구리 같은 행동을 많이 했다. 어머니께서 밭에 일하러 가시면서 동생들과 사이좋게 잘 놀아야 한다고 일러주고 가셨건만 그때는 동생을 데리고 다니는 것이 어찌 그리 싫었을까. 동생을 집에 떼어 놓으려고 몰래 따돌려 집에 놔두고 친구들과 놀기도 했다. 무더운 여름날 위험하니까 물가에 미역 감으러 가면 안 된다고 일러주고 밭으로 일하러 가셨던 어머니의 말씀을 거역하고 몰래 친구들과 미역을 감다가 냇물에 고무신을 떠내려 보내고 귀에 물이 들어가 병원 신세를 지기도 했다.

  여름철이 되면 우리 집 창문에도 어디로 들어왔는지 청개구리가 가끔씩 붙어 있다. 그것은 비가 온다는 예보다. 오늘따라 멀리서 들리는 청개구리 울음소리가 유난히 크게 들려온다. 내일은 비가 많이 오려나 보다.

콩깍지

 10년이면 강산도 변한다고 했다. 그렇다면 우리 부부는 강산이 3번 변한 만큼 살았다. 그만큼 우리 부부도 많이 변했다. 30년 전, 우리 부부는 한쪽이 아니라 서로 눈에 콩깍지가 끼었다. 내 쪽에서는 친정 작은아버지가, 남편 쪽에서는 남편 친구가 소개하여 중매결혼을 했다. 어려운 혼사도 중매쟁이가 짱짱하면 이루어진다고 했듯이 우리 부부도 짱짱한 두 분의 중매쟁이 덕에 쉽게 마음의 문이 열었으며 믿고 만날 수 있었다.
 전주 서중로터리 부근에 있는 조그만 지하다방이었다. 많은 세월이 지났지만 그때 그 다방의 상호와 분위기가 지금도 또렷하게 기억된다. 우리는 오후 2시에 만났다. 낮인지 밤인지 모를 정도로 어두컴컴하고 붉은 조명등이 켜져 있는 조용한 다방이었다. 붉은 조명등 아래서 첫선을 보았으니 내 모습이 예쁘게 보이지 않을 리 없다. 그러니 순진한 남편의 눈에 콩깍지가 낄 수밖에. 남편은 친구인 중매쟁이가 얼마나 좋은 점만을 말하며 꼬드겼기에 나를 처음 보는 순간 한눈에 반했다고 했을까? 남편에게는 처음부터 아주 두꺼운 콩깍지가 낀 것이다. 지금은 통통하고 볼품없는 아줌마에서 할머니가 되어가지만 아가씨 때는 어른들이 봉덕각시처럼 예쁘다고 했다. 키 165㎝에 몸무게 57㎏이었으니 어른들이 며느릿감으로 좋아하는 체격이었다. 나도 처음 선을 볼 때보다 한 번 보고 두 번 보고 자꾸 볼수록 내 눈에도 콩깍지가 끼기 시작했다.

남편의 가정형편상 결혼은 따뜻한 봄날을 보내고 추운 겨울로 미뤄야 했다. 3월에 첫선을 본 뒤 한 달 후에 약혼하고 쌀쌀한 초겨울이 되어서야 결혼했다.

신혼 때에는 남편이 듬직하고 예쁘게만 보였다. 곤드레만드레 코가 삐뚤어지게 술을 마시고 들어와도 좋았고 건강에 해롭다는 담배를 피워도 그 모습이 어찌 그리 멋있었는지 모르겠다.

우리 부부는 결혼 후 콩깍지가 10년 동안 벗겨지지 않았는데 10년이 넘으면서 변화가 왔다. 하나둘 남편의 행동에 단점이 보이기 시작했다. 남편도 나의 단점이 보였으리라. 콩깍지가 벗겨지기 전에는 낮이고 밤이고 24시간 하루를 같이 지내는 부부가 무척 부러웠다. 죽어서 다시 태어나면 또 남편을 만나 같이 살고 싶었다. 그런데 이젠 아니다. 아마 남편도 나와 똑같은 생각일 거다.

부부는 살아가면서 얼굴이 닮는다고 하는데 우리 부부는 결혼식 날부터 하객들한테서 신랑 신부가 많이 닮았다는 소리를 들었다. 듣기 좋으라고 한 소리인 줄로 생각된다. 남편도 가끔 거울 앞에 서서 거울 안의 자기를 보며

"정말 우리는 닮았지?" 하곤 했다. 아마 그건 부부라는 끈으로 이어졌기에 닮아 보였을 뿐이다. 피가 섞이지 않은 부부가 어찌 닮을 수 있겠는가? 하지만 부부가 살아가며 닮는 것은 있다. 성격이 다른 사람이 만나 오랜 동안 함께 살면서 서로 이해하고 배려하며 살다 보면 생각하는 점과 성격이 닮아가는 것은 사실이다.

모처럼 우리 부부의 다른 점을 찾아보았다. 아주 많았다. 키가 큰 편에 속하는 것은 비슷하지만 피부색부터 달랐다. 남편의 얼굴은 물론 속살까지도 까맣다. 나는 얼굴보다 속살은 우윳빛처럼 하얗다. 남편의 눈은 쌍꺼풀이지만 반대로 나는 아니다. 남편의 성격은 느긋한 편인데 나는 아주 급한 편이다. 남편은 소심한 편이나 나는 대범한 편이다. 쉬는 날 남편은 집에서 편하게 TV와 벗하며 쉬려 하고 나는 밖으로 나가 세상구경을 하며 쉬고 싶어한다. 어쩌다 밖으로 나가자고 조르면 남편은 산으로 가려 하고 나는 바다로 가자고 한다. 식성

은 또 어떤가. 남편은 야채를 좋아하고 나는 생선이나 고기를 좋아한다. 나는 맏딸로 태어나 포용할 줄 알며 퍼주는 걸 좋아한다. 남편은 막둥이로 태어나서 그런지 사랑을 받으려고만 한다. 때로는 손해 보는 것 같아 약이 오를 때도 있다. 서로 다른 사람이 만나 가정을 이루고 순탄하게 사는 걸 보면 사랑으로 아껴주며 살기에 가능하다고 본다.

첫 임신했을 때 마음속으로 태어날 예쁜 아기의 모습을 그려보았다. 희망사항이 있었다. 피부는 하얀 피부를 가진 나를 닮았으면 했고 눈은 쌍꺼풀이 있는 남편의 눈을 닮았으면 했는데 태어난 아기는 반대로 까만 남편의 피부와 쌍꺼풀이 없는 내 눈을 닮은 게 아닌가? 기대했던 것과는 반대였다.

성격도 느긋한 남편을 닮은 딸이 있고 급한 나를 닮은 딸이 있다. 딸들이 우리 부부의 모습을 골고루 닮은 걸 보면 신기하기도 하고 좋은 면들을 많이 닮은 것 같아 다행이다.

남편은 마마보이는 아니지만 무척 효자였다. 결혼해서 시어머님과 26년을 같이 사는 동안 시어머님 말씀을 한 번도 거역하거나 마음 상하는 말이나 행동을 해본 적이 없다. 무슨 일을 하든 시어머님 편에서 생각하고 마음을 편하게 해드리는 것이 우선이라며 나에 대해서는 조금 소홀한 편이었다. 표현은 안 했지만 속으로 서운할 때가 더러 있었다. 그랬던 남편이 시어머님이 돌아가신 지 3년이 지난 지금은 시어머님께 그랬던 것처럼 나에게 의지하고 있다. 이제 의지할 사람은 아내라며 오직 내 편이다. 부모님께 잘하는 사람은 아내에게도 잘하는 것 같다. 어떤 분은 남편은 양띠이고 나는 개띠라서 우리 부부는 궁합이 안 맞는데 잘 사는 걸 보면 묘하다고 한다.

 살아온 습관이나 성격이 다른데 좋은 날만 있었던 것은 아니다. 서로 존중하고 아껴주며 감싸고 이해하려고 노력하며 살았다. 천생연분이 어디 따로 있겠는가. 서로 사랑으로 이해하고 다독여주며 단점을 탓하지 말고 장점만을 보면서 맞춰 살면 천생연분이 아닐까?

하늘에 보내는 편지

　어제부터 오늘까지 비가 내린다는 일기예보가 있었는데 예보와는 달리 아침에 일어나 창문을 열어보니 비가 갠 좋은 날씨다. 오늘은 우리 마을에 사는 천주교 교우들과 함께 김수환 추기경의 묘소에 성지 순례를 가는 날이다. 걷는 것조차 힘든 어른들도 몇 분이 동행하기에 비가 내리면 그분들이 활동하기에 불편하실 것 같아 날씨에 신경이 쓰였다. 하늘이 도와주신 것처럼 화창한 날씨라서 무척 기분이 좋았다.
　세례를 받은 지 1년밖에 되지 않은 남편과 나는 처음으로 참가하는 성지순례다. 아직은 이런 행사에 익숙하지 않고 어설프다. 성당에 다니는 마을 어르신들 대부분이 6, 70대 노인들이다. 우리 부부는 젊은 편에 속한다. 1년에 한 번 가는 성지순례라며 꼭 참석해 달라는 어른들의 부탁이 있었기에 거절할 수가 없어 참석했다.

오전 6시 50분에 약속장소로 나갔다. 집결 시간은 오전 7시였다. 어른들은 모두 버스에 올라 자리를 잡고 계셨다. 앞에서부터 차근차근 인사하며 뒷자리로 들어갔다. 어른들은 반갑게 맞아주시며 참석해 줘서 고맙다고 하셨다. 공동체 생활을 하면서 공식행사에 참여하는 것은 당연한 일이다. 종교의 선택은 남을 위한 것은 결코 아니다. 나 자신을 위한 일인데 고맙다는 인사를 받으니 미안한 생각이 들었다. 평소 기도모임에 소홀했기 때문이다. 어른들은 우리 부부가 성당에 나가게 된 것을 무척 좋아하셨다.

성지순례에 대한 설명을 듣고 기사님의 배려로 <울지 마 톤즈>란 영화를 보다 보니 어느새 경기도 용인 김수환 추기경의 묘소가 있는 곳에 도착했다. 걸어서 올라가야 한다는 기사님의 말씀이 마이크를 통해 들린다. 차에서 내리자 빙 둘러싸인 넓은 산이 한눈에 들어왔다. 산 전체가 골짜기까지 묘들로 가득 찼다. 꽃들이 온 산을 화려하게 장식하고 있었다. 조경으로 주변에 심어 놓은 꽃들도 아름다웠지만 가족들이나 친지들이 다녀가며 묘소 앞에 놓아둔 꽃다발들이 더 화려해 보였다.

어른들의 느린 걸음에 맞춰 뒤를 따라 김수환 추기경의 묘소로 걸어가면서 생각했다. 추기경님을 안치해 놓은 묘소는 얼마나 화려하고 웅장하게 꾸며 놓았을까? 처음 가보는 곳이라서 화려하고 우람할 거라는 상상을 하며 걸었다. 어른들을 부축하여 한 발 두 발 천천히 걸음을 옮겼다. 김수환 추기경님의 묘소가 보였다. 화려하기는커녕 너무 수수한 묘소라서 놀랐다. 깔끔하게 정돈이 된 묘소를 보니 그분의 인품이 잘 나타나 보였다. 분명 그분의 뜻이었으리라. 순박하고 포근한 웃음을 지닌 인자하신 모습이 떠올랐다. 묘소 주변은 많은 사람들이 다녀간 흔적이 남아있었다. 잔디는 뭉그러지고 흙은 반들반들했다. 그날도 그곳을 찾은 신자들이 많아 우리 일행은 순서를 기다렸다가 참배했다.

그곳 입구에 들어서면서 눈에 띄는 것이 있었다. 하늘로 보내는 편지를 넣는 우체통이다. 하트 모양으로 만들어진 큼지막한 우체통에는 이곳에 오신 모든 사람들이 색색의 메모지에 사연들을 적어 넣는 것으로 오직 그곳에만 있는 우체통이다. 우체통이 투명 유리로 되어 있어 가득 쌓여 있는 편지들이 훤히 보였다. 그 속에 있는 많은 사연들을 진짜 하늘까지 전해 주는 걸까? 우체통 속의 많은 사연들 중에는 좋은 일에 감사하는 감사의 편지도 있을 거고, 이루고자 하는 일을 이루게 해 달라는 간절한 바람을 쓴 소망의 편지도 있을 것이다. 애틋한 마음을 절절하게 쓴 애절한 편지 또한 있지 않을까?

우체통을 본 순간 큰딸 생각이 났다. 몇 년 동안 고집을 부리며 집요하게 붙들고 있는 중요한 시험에 합격을 기원하는 바람을 적고, 가족의 건강을 지켜 달라는 글을 써 넣고 싶었다. 참배를 마치고 편지를 써넣을 생각을 하며 일행들과 함께 추기경님의 묘소 앞에 모여 기도모임을 가졌다. 인솔하시는 분의 설명을 통해 몰랐던 것도 알았다. 차츰 인솔자의 설명은 귀에서 멀어져 갔다. 무슨 말을 하는지 귀에 들어오지 않았다. 내 마음은 온통 우체통에 적어 넣을 사연들이 머릿속에서 맴돌고 있기 때문이다. 갑자기 욕심이 생겼다. 하늘이 내가 바라는 일들을 모두 들어주시면 얼마나 좋을까? 생각해 보니 너무 많았다. 마음속으로 순서를 정했다. 1번 2번 3번……. 모두 들어 달라고 떼를 써 보고 싶었다. 정말 떼를 써서라도 모든 것이 다 이루어진다면 얼마나 좋을까? 간절한 마음으로 몇 가지만 또박또박 써 넣었다. 이루어지리라 간절히 바라며.

　많은 사람들이 참배하고 하늘과 연결된 우체통에 소원을 써 넣는 사람은 그다지 많지 않았다. 편지를 쓰지는 않았어도 많은 사연들을 기도하고 소망이 이루어지기를 마음으로 빌었으리라. 김수환 추기경님의 뜻대로 모든 사람들이 어려움이 없이 건강하게 잘 살았으면 좋겠다. 참으로 인간다운 세상, 사람답게 살 수 있는 좋은 사회가 되었으면 하는 바람이다.

효도사전에 등재된 어머니

　나는 국어대사전이나 영어대사전은 있어도 효도대사전이란 사전이 있는 줄도 몰랐다. 나뿐만 아니라 대부분의 사람들이 모르고 있을 것이다. 효도대사전은 사단법인 한국효도회에서 2006년 8월 15일 발행한 책이다. 무려 1,168쪽이나 되는 아주 무겁고 두꺼운 책이다. 가격도 만만치 않다. 그 책 안에는 효(孝)에 대한 모든 것과 생활예절(生活禮節), 상례(喪禮)와 제례의식(祭禮儀式)이 상세하게 들어 있어 목차만 보아도 관심이 가는 좋은 책이다. 효 사상이며 역대 효행사실, 생활예절, 효의 과보와 그 설화, 효의 현대적 사고, 효행상을 받은 많은 사람들의 효행사례 등이 적혀 있다. 효행상을 받은 분들의 사례는 모두 138명의 내용이 있는데 읽어 보면 모두 칭찬받아 마땅할 뿐만 아니라 상을 받을 만한 훌륭한 분들이다. 힘들고 어려운 생활을 하며 살아온 세월을 글로 표현하려면 수십 권의 책으로도 모자라겠지만 간략하게 요약하여 실었다. 이렇게 좋은 책이 우리 집에는 3권이 있다. 가보로 대대손손 물려 줄 예정이다. 그 사전의 1,092쪽 117번째에 친정어머니가 등제되어 있기 때문이다.

「117 : 조기순(趙基順) 여사
○ 주 소 : 전라북도 완주군 소양면 죽절리 616번지
○ 효행사례

  조기순 여사는 당년 20세에 6남매 중 장남인 정영배 씨와 결혼하여 신혼의 단꿈도 가시기 전에 병약하신 시어머니께서 자리에 눕자 지극정성을 다하여 간호하였건만 시아버지와 시동생 5명을 남겨둔 채 1960년 10월 3일에 돌아가시니 시어머니께서 극락왕생하시도록 절에 가서 49제를 정성껏 치르드리는 한편, 시아버지를 지극정성으로 봉양함은 물론 즐겁게 해 드리는 것이 새시어머니를 모시는 길이라 생각하고 새시어머니를 맞이하여 시아버지를 즐겁게 하여 드린 효부입니다.
  새시어머니께서 1998년 가을, 갑자기 한쪽(우측)을 못 쓰시니 병원, 한방병원으로 업고 다니면서 치료함은 물론 대소변을 받아내며 매일 목욕을 시켜 드리는 등 지극정성을 다하였

으나 2000년 9월 30일에 선종하니, 온 가족을 한데 모아놓고 최소한 일주일에 한 번씩 찾아와 아버지를 위로하자고 하니 형제들 역시 화목함으로써 온 가족을 효자, 효부, 효녀로 만든 분이며, 시아버지께서는 새시어머니께서 돌아가신 후 본인의 정성이 부족한 지 2001년(89세) 봄부터 치매기가 있어 지극정성으로 간호하였으나 점점 심하여 가더니 2002년 봄부터는 대소변을 가리지 못함은 물론 아들도 몰라볼 정도로 심하여 지금껏 지극정성을 다하여 간호하고 있습니다.

한 가정 세 명의 시어머니와 시아버지 및 시동생들의 뒷바라지를 하다 보니 결혼한 지 46년이 지난 지금까지 여행은 고사하고 동네 회관 한 번 못 가며 오직 시부모만을 생각하니 인근 주민들이 하늘이 낸 효부라 칭찬이 자자한 분이요, 또한 1991년 남편께서 갑자기 복통으로 신음하기에 전북대학병원에 가서 진찰하니 위암 말기로 3개월 정도의 수명이 있을 것 같으니 집에 가 편안히 모시라 하였다. 여사께서는 부모님과 시동생들과 자라는 어린 자식들만을 위하다 보니 남편의 건강을 챙기지 못함은 본인의 잘못이라며 울면서 하소연하니 의사가 수술한 후 낮과 밤을 가리지 않고 지극정성으로 간호한 결과 3년의 수명을 연장시킨 열부이기도 합니다.」

위 내용의 주인공 조기순 여사는 세상에 단 한 분뿐인 친정어머니시다. 존경스럽고 자랑스럽다. 정말 훌륭한 분이다.

고생도 즐겁게 행복으로 승화시켜 사셨던 우리 어머니 가슴은 까맣게 숯으로 변했을지도 모른다. 어머니께서는 가정의 화목과 평화를 위해서는 가족 중 어느 누구라도 희생하는 사람이 있어야 한다고 말씀하셨다. 이런 어머니가 계셨기에 지금 우리 가족은 우애하고 화목하며 잘살고 있다.

　어머니의 효심이 사람들의 입에서 입으로 전해져 효행상을 받으셨고 어느 해는 ≪전북일보≫에 크게 보도된 적도 있었다. 어머니께서는 잘해드린 것도 없는데 상을 받아 부끄럽다고 했다. 이런 좋은 상을 받을 기회가 있을 때 어머니는 몰래 숨기도 하고 거절을 했지만 주위에서 추천하는 바람에 어쩔 수 없이 받으셨다고 했다.

　세상의 어머니들은 누구나 위대하지 않은 분이 없다. 여자는 약해도 어머니는 강하다고 하지 않던가. 훌륭하신 어머니께서 건강하게 오래 사시기를 기도한다.

웅진코디예요 외 1편

정 성 려

부엌에서 내 벗하는 벽 달력
하루도 몇 개씩 부스럼이 난다
집 안팎의 이런저런 대소사와
직장 웅진에서 미팅, 교육까지
덕지덕지 적어 놓기 때문이다.

요즘 세상 너 나 할 것 없이
웅진정수기와 사는 사람 많다
사납기로 소문난 할아버지도
먼저 서둘러 돌아간 아내보다는
물 먹는 웅진정수기가 좋단다.

띵동! 띵동! 웅진코디예요!
공구가방을 맨 고객 방문길
볼 때마다 보고 싶었다고, 또
언제 오냐고 묻는 할머니들
찬바람이 두 볼을 거칠게 핥고

손끝이 꽁꽁 얼어 갈라져도
이래서 가슴 미어지도록 좋다.

내 콜록콜록하는 소리에 남편은
이리 낑낑대지 말고 좀 쉬란다.
치, 곧 죽어도 난 웅진코디요!
남편의 야릇한 격려에
불쑥 저항적인 내 대답이지만
더 넓은 세상을 가르쳐준 웅진
내 열정을 불태워준 웅진
그래! 웅진이 있어 느을 좋다.

※ 2011. 웅진코웨이 자작시 경진대회
   우수상 수상작.

오리배미

목은 가늘고 배는 불쑥 나오고
오리를 닮아 오리배미라고 불렀지.
바짓가랑이 돌돌 말아올리고
당신 종아리는 까만 진흙투성이

이랴! 이랴! 소고삐 당겨 잡고
써레질을 했건만 굽어진 모퉁이는
당신의 손길을 부르고 있습니다.
어여 어여 괭이질인들 쉬울까

푹푹 빠지는 수렁과 씨름하다가
축 늘어진 몸을 논두렁에 부린다.
진흙 발린 손으로 담배 한입 물고
뽀얀 연기 모락모락 내뿜는 당신
토하는 한숨에 땅도 울었습니다.

버거운 짐 한 몸에 이고지고

한평생 흙과 함께 주고받은 삶
아버지, 당신이기에 해냈으리라.
힘겨웠을 그 마음 이제 알고 나니
당신은 정녕 제 곁에 없습니다.

‖작품해설‖

불광불급(不狂不及)의 정신으로 빚어낸 수필들
-소양(所楊) 정성려 첫 수필집《엄마는 거짓말쟁이》출간에 부쳐-

김학(수필가, 전북대학교 평생교육원
수필창작 전담교수)

1. 소양(所楊) 정성려가 수필을 만나기까지

所楊 정성려가 첫 수필집을 묶는다. 쉰다섯 한창 나이에 첫 수필집을 엮어 세상에 선보인다. 빠르다고 할 수도 없고 늦다고 할 수도 없다. 그녀보다 훨씬 젊어서 수필집을 낸 사람이 있는가 하면, 엄두조차 못 내는 사람도 부지기수다.

所楊 정성려, 그녀는 전라북도 완주군 소양면 죽절리 616번지에서 아버지 정영배와 어머니 조기순 사이에서 6남매 중 맏딸로 태어나 남아선호사상(男兒選好思想)이 뿌리 깊던 시대에 어머니의 일거수일투족을 지켜보며 조신하게 자랐다.

어린 시절에는 간호사가 되고 싶었지만 '여자는 살림만 잘 하면 되니까 많이 가르치지 않아도 된다.'는 편견 때문에 백의

(白衣)천사의 꿈을 접어야 했다. 그 아픔이 오늘날 그녀가 인터넷 세상에서 '1004'란 별명을 사용하는 이유인지도 모른다.

所楊 정성려는 울안에서 엄마를 돕고 살림을 배우며 처녀 농군의 삶을 살았다. 이런 인생 체험이 훗날 수필가 所楊 정성려에게 값진 수필 소재의 보고가 되었다. 어쩌면 전화위복이요 새옹지마가 아니고 무엇인가?

그녀의 취미는 다육(多肉) 기르기와 여행이다. 다육이란 잎 또는 줄기 속에 저수(貯水) 조직이 발달하여 다육화(多肉化)한 식물을 일컫는다. 이를테면 용설란과 선인장 같은 것을 말한다. 또 그녀는 엄마에게 배운 솜씨 때문인지 음식을 잘 만든다는 게 그녀 자신이 내세우는 자랑거리 중 하나다.

독실한 천주교 신자인 所楊 정성려는 남편 송진섭과 결혼하여 딸 넷을 둔 딸 부잣집 엄마가 되었다. 여산송씨인 남편은 전주시 전미동 출신으로 신혼 초부터 모친을 모시고 살았다. 所楊 정성려는 중풍과 치매로 고생하시는 시어머니를 잘 봉양하여 효부상을 받기도 했다. 어려서부터 대가족 사이에서 부대끼며 살았기에 가능한 일이었을 것이다. 그것은 친정어머니에게서 물려받은 효심 때문이었는지도 모른다. 친정어머니가 돌아가신 뒤 유품을 정리하다가 어머니의 장롱 속에서 어머니가 받은 효행상장을 세 개나 찾아냈다니 말이다.

所楊 정성려가 수필과 인연을 맺게 된 데는 나름대로 이유가 있다. 그녀는 소녀 시절부터 편지쓰기를 좋아했고, 글을 쓸

때마다 사람들로부터 칭찬을 들었다. 타고난 소질이 있었던 것이다. 그는 웅진코웨이에 입사한 뒤 '체험수기 공모'에 응모해서 2008년 체험수기 최우수상과 2009년 성공사례수기 최우수상을 받았다. 또 2011년에는 자작시 경진대회에서 2등을 하기도 했다. 또 수필을 공부하면서는 2011년 지식경제부 우정사업본부가 주최한 전국편지쓰기대회에서 은상을 수상하기도 했다. 그 때문에 회사에서는 글쟁이로 이름을 떨친다.

직장인으로서 정성려는 IMF 시절 친구의 권유로 웅진코웨이에 입사하게 되었다. 처음에는 영업이 무엇인지도 모르고 입사해서 힘들었다고 한다. 그러나 굴하지 않고 서비스관리 분야로 전환하여 열심히 일을 했단다. 그 결과 지금은 우수 코디로 인정받고 있다. 그녀는 한때 전국 3위까지 실적을 올린 열정과 능력을 가진 주부다.

수필가로서 정성려는 2009년 전북대학교 평생교육원 수필창작반에 등록하여 매주 수필 한 편씩 습작을 내더니 마침내 종합문예지 ≪대한문학≫ 2011년 여름호에서 <엄마는 거짓말쟁이>와 <부모 마음 자식의 마음>이란 두 편의 수필로 신인상을 수상하여 수필가로 등단하였다. 비교적 짧은 기간에 거둔 큰 문학적 성과다. 그녀는 엄격한 가정교육을 받았기에 오히려 삶의 바탕이 튼실했다. 그러하기에 그녀의 수필은 남달리 풍성하다. 이제 所楊 정성려 수필가의 날개를 단 수필 속으로 들어가 보자.

2. 수필가 所楊 정성려의 수필세계

　수필은 보기 쉽고, 알기 쉬우며, 읽기 쉽게 써야 한다. 그게 이른바 수필이 요구하는 수필삼이(隨筆三易)다. 초등학생이 읽어도 이해할 수 있도록 쉽게 쓴 수필이 좋은 수필이라는 이야기다. 오죽하면 헤밍웨이 같은 대문호조차도 글은 쉽게 쓰는 것이 더 어려운 법이라고 했겠는가?
　수필가 윤재천은 ≪수필 아포리즘≫이란 저서에서 '수필은 도전문학이다. 아방가르드(혁신적) 글쓰기로 자기 목소리를 낼 수 있을 때까지 몰두하고 도전하며 시도해야 한다. 실패를 두려워하지 않는 아방가르드 정신만이 작가의 진솔한 내면을 보여줄 수 있다. 작가에겐 시대를 앞서 가는 혜안이 필요하다. 혁신적인 글의 세계를 열기 위해 모든 분야를 섭렵 시도해야 작품 속에 자신도 모르는 사이에 인생관과 세계관, 우주관이 배어난다.'고 했다. 수필가라면 꼭 가슴에 새기고 귀담아 들어야 할 충고가 아닐 수 없다.
　所楊 정성려 수필가는 ≪엄마는 거짓말쟁이≫라는 첫 수필집을 통하여 쉬우면서도 감동적인 이야기의 문을 활짝 열어 55편의 수필을 5부로 나눠 수록하였다. 열심히 창작활동을 해 온 결과다.

　　엄마는 아버지가 돌아가신 뒤 왜 뒷산에 고사리를 꺾으러 자주 가셨을까? 그리고 치매로 아무것도 모르는 홀시아버지를 모시는 일이 어찌 힘들고 귀찮지 않았을까? 또 혼자 사시는 것이 어찌 편하고 좋기만 했을까? 자식들 앞에서는 강한 척하시며 약한 모습을 보이지 않으려고 힘들 때는 아버지 산소에 찾아 가신 것이다. 그때는 엄마가 고사리를 꺾으러 가는 줄만 알았다. 얼마 뒤에야 알았다. 엄마가 가끔 아버지 생각이 나실 때나 힘들 때는 고사리를 꺾으러 가는 척하고 아버지 산소에 가셔서 실컷 울고 오셨다는 것을. 엄마는 우리 자식들의 마음이 아플까 봐 아무렇지도 않다고 좋다고 괜찮다고 거짓말을 하셨던 것이다. 나는 엄마 마음을 전혀 몰랐던 바보였다. 엄마가 힘들고 외로워도 모르고 살았다. 정말 엄마는 능숙한 거짓말로 우리 자식들을 다독이고 속인 거짓말쟁이다.

이는 所楊 정성려의 첫 수필집 표제작이자 자신의 등단작인 <엄마는 거짓말쟁이>의 결미이다. 이 수필을 빚으면서 화자는 눈물깨나 흘렸을 것이다. 아버지와 할머니를 먼저 하늘나라로 보내고 치매에 걸린 홀시아버지를 97세까지 모신 친정어머니의 애환을 한 편의 수필에 응축하여 놓았다. 눈물겨운 가족사(家族史)가 아닐 수 없다. 비록 화자의 어머니뿐만 아니라 이 땅의 모든 어머니의 모습이라 해도 지나치지 않다. 그래서 어머니는 위대하다고 했던가?

所楊 정성려는 항상 즐겁게 일을 한다. 직장에서도 그렇게 최선을 다해 일을 하다 보니 실적이 좋아지고, 그 결과 포상을 받게 된다. 선순환(善循環)이 되풀이되는 것이리라.

집에 쌓이는 상장이며 상패를 보면 뿌듯하기만 하다. 그러다 보니 당연히 수입은 늘어났다. 2008년도에는 연봉 5,300만 원을 받았다. 뭐니 뭐니 해도 남편과 자식들에게 능력 있는 아내, 능력 있는 엄마로 인정받아 너무너무 행복하다. 나도 가정에서는 아내요 엄마다. 내가 열심히 일하며 성실하게 생활하다 보니 딸들도 착하게 잘 커주고 있다. (중략) 자식은 부모가 거울이고 바로 부모의 삶이 산교육인 것을 알았다. 내 신조는 "어차피 내가 해야 할 일이라면 즐기면서 하자."이다.

이는 <도전정신과 열정으로> 중 한 단원이다. 화자는 매사에 열정적이다. 열심히 일하는 사람이 남의 호감을 사는 건 당연한 일이 아닌가? '나도 할 수 있다.'는 긍정적인 마음으로 일을 하니 모든 일이 잘 풀릴 수밖에 없다. 화자는 직장생활을 하면서도 가사에 전혀 소홀함이 없다. 만점짜리 아내, 만점짜리 며느리, 만점짜리 어머니다. 특히 그녀의 효심은 대단하다. 하늘에 계시는 시어머님께 문후를 여쭙는 막내며느리의 편지글의 일부를 읽어 보자.

어머님! 어머님께 더 큰 죄가 있어요. 하늘나라로 가실 때, 마지막까지 지켜드리지 못하고 어머님을 외롭게 혼자 보내드려 너무 죄송해요. 몇날 며칠을 물만 드시다가 차츰차츰 물의 양도 줄고 급기야 한 수저의 물도 넘기지 못하셨지요. 그때 많이 힘드셨지요? 어머님 곁에서 그 모습을 지켜보면서 얼마나 눈물을 쏟았는지 몰라요. 저는 그동안의 잘못을 어머님께 많이 사죄했어요. 어머님은 그때 들으셨지요?
새벽 2시가 넘도록 어머님 곁에서 팔다리를 주물러 드리고 물에 젖은 베갯잇을 갈아드리며 지켜드렸건만, 어머님 곁에서 깜빡 졸다 보니 어머님은 훌쩍 눈을 감으셨어요.
　　어머님! 자식들 보는 앞에서 돌아가실 수 없으셔서 잠깐 눈을 붙인 사이에 그렇게 가셨나요? 저희는 자식의 도리를 다해 임종을 지켜드리지 못해 지금까지 가슴이 저려옵니다.

　<하늘에 계신 시어머님께> 중 나오는 글이다. 고의나 과실이 아닌데도 시어머니의 임종을 지켜드리지 못한 것을 안타까워하는 화자의 그 마음이 얼마나 예쁜가?
　시(詩)에서의 상상력이, 소설(小說)에서의 허구가 각각 시와 소설의 문학성을 갖게 하는 요체라면, 수필에서는 의미화(意味化)가 그러한 역할을 담당할 것이다. 의미화는 곧 형상화(形象化)나 다를 바 없다. 수필에서 이것을 놓치면 바로 앙꼬 없는 찐빵과 같게 된다는 점을 명심할 일이다.
　所楊 정성려는 오감(五感)으로 수필 소재를 찾는다. 그녀는 매사를 허투루 보지 않는다. 그러기에 그녀는 마치 물 묻은 바가지에 깨 들어붙듯 수필 소재를 만나게 된다. <고양이의 모성애>도 농부가 이삭을 줍듯 만난 소재다.

　　"야~~옹!"
　하고 대문 밖에서 어미고양이의 소리가 크게 들렸다. 뒤이어 죽을 것처럼 꼼짝도 않고 우유와 물도 먹지 않던 새끼고양이가 어미고양이의 부르는 소리에 대답인 듯 크게
　　"야옹!"

했다. 앞을 못보고 죽을 것처럼 기진맥진해있던 새끼고양이도 어미를 기다리고 있었나 보다. 이상해서 얼른 뛰어나가 보니 어느새 어미고양이가 새끼고양이를 입으로 물고 날쌔게 대문을 빠져나가는 것이 아닌가. 꼼짝도 못하고 있던 눈먼 새끼고양이가 어미소리를 듣고 반가워 대답을 했고 어미 고양이는 우리 집에 있는 것을 알고 들어와 데려간 것이다.
"세상에 이럴 수가!"
정말 놀라웠다. 어미고양이가 밤새도록 새끼를 찾아 애를 타며 얼마나 헤맸을까? 정상적이지도 않은 눈먼 새끼를 잃고 밤새 찾아 헤맸을 것을 생각하니 가슴이 뭉클했다.

<고양이의 모성애> 중 한 단원으로 눈먼 새끼고양이를 찾아 헤매는 어미고양이의 모성애에 초점을 맞춰 완성도가 높은 수필을 빚었다. 예사 사람들이라면 그냥 허투루 보아 넘기기 쉬운 소재를 가공하여 작품을 만드는 솜씨가 노련하다. 수필은 체험과 사색의 기록이다. 머리로 쓰는 글이 칼럼이라면 가슴으로 쓰는 글은 수필이라고 했다. 따뜻한 가슴을 지녀야 훈훈한 인도적인 글을 빚을 수 있는 법이다.

모시옷과 삼베옷, 무명옷은 우리 조상들이 만든 최고의 옷이다. 나이 든 중년부인들이 하얀 모시옷을 입고 거리에 나서면 기품이 있어 보이고 우아함과 순수함이 느껴진다. 우리 조상들의 지혜가 묻어 있는 모시옷이나 삼베옷은 공기가 잘 통하고 시원하여 여름옷으로는 아주 잘 어울린다. 추운 겨울에는 따뜻한 무명옷을 입었다. 얼마나 지혜로운가. 요즘은 화학물질로 만든 옷들이 판치는 세상이다. 외국문화가

밀려와 우리의 것이 외면당하고 있어 아쉽다. 전통으로 내려오는 우리 것이 오래도록 이어졌으면 좋겠다.

이는 <다듬이 소리가 그리워>의 결미이다. 옛날 농촌에는 삼희성(三喜聲) 즉 세 가지 기쁜 소리가 있었다. 글 읽는 소리, 다듬이 소리, 아기 우는 소리가 바로 그것이다. 그런데 지금 우리 농촌에서는 이 세 가지 소리를 들을 수가 없다. 젊은이들이 도시로 떠나버리니 태어날 아기도, 글 읽을 젊은이도 없다. 옷은 다듬이질이 필요 없게 되었다. 그러니 세 가지 기쁜 소리도 들을 수 없게 된 것이다.

所楊 정성려 수필가는 농촌에서 자라면서 어린 시절의 추억을 잘 되새김하여 누구나 공감하는 수필을 써냄으로써 보편화시켰다. 이처럼 개인적인 체험을 보편적인 체험으로 만들어 내야 한다. 여기서 보편적 체험이란 공감대 형성이란 의미와도 통한다.

시골 장날이면 빠지지 않고 어김없이 나오는 사람이 있다. 몸에는 고무로 만든 옷을 칭칭 감고 엎드린 채, 배로 기어 다니며 장날의 주인공처럼 가냘픈 음악 소리로 시선을 끌며 도움을 청하는 장애인이다. 그런 사람을 보면 호주머니에 들어 있는 동전이든 지갑 속의 작은 돈이든 서슴없이 내준다. 오늘은 양손에 물건이 무겁게 들려 있다는 이유로 그 사람을 외면하였다. 내 두 손에 물건들이 들려 있어서 줄까말까 마음은 갈등했지만 가던 발걸음을 멈추지 않고 그대로 집으로 와 버렸다. 그냥 집으로 돌아온 탓에 마음은 편치 않았다.

<외면하고 돌아선 날> 중 한 단원이다. 시골 5일장을 찾는 것은 즐거운 일이다. 수필을 쓰는 사람이라면 더욱 더 그렇다. 그런 시골 5일장에는 수필 소재가 즐비하기 때문이다. 이 작품에는 어려운 이웃을 도울 줄 아는 따뜻한 마음이 녹아 있다. 그러한 마음의 소유자이기 때문에 수필을 쓸 수 있다. 원래 수필이란 인류나 인간에 대해 쓰지 말고 한 사람에 대해 쓰라고 한 가르침에 귀를 기울일 필요가 있다. 자기의 경험에다 문학의 옷을 입혀야 좋은 수필이 되지 않던가?

어느 해 봄에는 이런 일들도 있었다. 우리 집 텃밭에 상추, 쑥갓, 아욱, 등 여러 가지 채소를 심었다. 잡초가 채소와 함께 무성하게 크기 시작했다. 채소보다 잡초가 더 빨리 자랐다. 쉬는 날에 깨끗이 풀을 뽑아 줄 계획이었다. 그런데 아무도 없는 사이에 마을 할머니들이 오셔서 잡초를 뽑고 밭을 깨끗이 메어놓았다.
　어느 해 김장철에도 큰 통에 배추를 수북하게 소금에 절여 놓고 출근했다. 낮에 근무하고 저녁에 씻어 김장할 요량이었는데 퇴근해서 집에 돌아오니 마을 할머니들이 그 많은 배추를 깨끗이 씻어 수북하게 쌓아 놓은 것이 아닌가. 전래동화 ≪콩쥐팥쥐≫에서 나오는 콩쥐가 천사의 도움을 받아 모든 일을 척척 해냈듯이 우리 마을 할머니들도 나에게는 콩쥐팥쥐에 나오는 천사 같은 분들이다.

이는 <이웃사촌> 중에 나오는 글이다. 所楊 정성려 수필가의 동네에는 천사들이 사는가 보다. 마을 할머니들이 주인 몰래 채소밭의 잡초를 뽑아주고, 김장배추를 씻어주기도 하다니 말이다. 그래서 이웃사촌이란 말이 생겼을 것이다. 출오이자 반오이자(出吾爾者 反吾爾者) 즉 내게서 나간 것이 내게로 돌아온다고 했던 맹자의 말씀이 떠오른다.

所楊 정성려 수필가의 수필에는 온정과 겸손과 이해와 용서가 석류처럼 알알이 박혀 있다. 서정적인 문체가 은은한 향내를 풍긴다. 그의 수필을 읽어보면 글은 곧 사람이라고 한 뷔퐁의 이야기가 생각난다.

이어령 교수는 '문장은 외출할 때 입는 옷과 같아야 한다.'고 했다. 일터에 나갈 때, 파티에 나갈 때, 장례식장에 나갈 때 각각 그에 어울리는 옷을 입어야 한다고 했다. 수필의 문장 역시 그 주제에 어울리는 문장으로 빚어야 한다는 의미다.

3. 所楊 정성려 수필가의 내일을 기대하며

수필은 자신을 찾는 작업이요, 자기 마음을 문자로 그려내는 문자예술이다. 자신의 체험에서 질료를 건져내어 수필로 빚어내고, 그것으로도 모자라면 간접체험까지 동원해야 한다. 그렇게 되면 수필의 소재 영역이 무한히 넓어진다. 수필은 작가의 체험이 사유와 관조와 통찰을 통해 문장이라는 옷으로 형상화되어야 하는 법이다.

所楊 정성려 수필가는 어떤 글감을 주어도 부담 없이 좋은

수필을 써낼 작가다. 이제부터는 인생문제를 좀더 깊게 천착(穿鑿)하는 수필을 쓰기 바란다.

　문학은 감동의 예술이다. 감동 없는 문학작품은 향기 없는 꽃, 즉 조화(造花)에 지나지 않는다. 수필도 문학으로서 예외일 수 없다. 더욱 정진하여 독자의 사랑을 받는 훌륭한 수필가로 성장하기를 빌어마지 않는다.